图说

周殿富　王海燕　著

卷二　元古沧桑　创世陆升

大北京

吉林出版集团股份有限公司

图书在版编目（CIP）数据

图说大北京.卷二/周殿富，王海燕著.—长春：吉林出版集团股份有限公司，2019.8
ISBN 978-7-5581-6451-4

Ⅰ.①图… Ⅱ.①周…②王… Ⅲ.①北京－地方史 Ⅳ.①K291

中国版本图书馆CIP数据核字（2019）第005462号

图说大北京　卷二

著　　者	周殿富　王海燕
责任编辑	王　平　李晓华
封面设计	观止堂_未氓
开　　本	787mm×1092mm 1/16
字　　数	262千
印　　张	25.75
版　　次	2020年5月第1版
印　　次	2020年5月第1次印刷

出　　版	吉林出版集团有限责任公司
电　　话	总编办：010—63109269
印　　刷	北京欣睿虹彩印刷有限公司

ISBN 978-7-5581-6451-4　　定价：98.00元

版权所有侵权必究

目 录

总　序：北京大美"天地人"兼谈"大北京"的历史释义 / (1)

第一集　沧海桑田：16亿年前京西第一块从海洋升起的陆地 / (1)
　　　　——三下沿河城碾台村夜走狮子沟采风小谈北京地史
　　　　景观实拍：一、沿河城古城景观组图；二、沿河口村长城景观组图；
　　　　三、狮子沟碾台村山路景观组图；四、狮子沟碾台村景观组图

第二集　15亿年前后的京东海底火山大爆发 / (23)
　　　　——寻访平谷元古时代三羊古火山遗迹纪行
　　　　景观实拍：一、京东平谷县黄松峪地质公园景观组图；二、三羊山火山
　　　　异石景观组图；三、三羊山古火山奇峰山岩景观组图；四、古火山天生
　　　　桥景观组图；五、古海洋火山爆发遗迹景观组图

第三集　京东大石林的"世界之最" / (39)
　　　　——平谷石林峡寻找14亿年前山体纪行兼谈"崖柏"
　　　　景观实拍：一、石林峡峰石景观组图；二、山崖间的花木组图；三、飞
　　　　碟式玻璃栈道景观组图

第四集　"青白口纪"：首都的骄傲与平西河山14亿年的"创世纪" / (49)
　　　　——寻拍中国地质青白口纪命名地青白口村岩层与穹窿
　　　　　　山随笔
　　　　景观实拍：一、青白口村景观组图；二、奇特的拱顶古窑屋与岩层组图；

三、青白口村永定河谷景观组图；四、清水河清白口段河谷景观组图；五、清白口穹窿景观与岩层组图；六、109国道清白口段最美峰岩组图

第五集　北京的石头会唱歌 /（65）
　　——寻拍10亿年前的十渡山石与京西溶洞小谈北京"石文化"
　　景观实拍：一、房山十渡景区山光水色组图；二、六渡山峡河谷奇石组图；三、房山世界地质公园博物馆奇石展组图；四、房山石花洞地下溶洞博物馆钟乳石组图；五、北京石刻艺术博物馆五塔寺石刻组图

第六集　10亿年前京北海洋与陆地的分界线 /（97）
　　——尚义县红土梁镇大青山森林公园天路采风纪行
　　景观实拍：一、洗马林古城景观组图；二、尚义县与万全县交界的坝上景观与长城组图；三、红土梁镇与亚高山草甸地貌组图；四、尚义县大青山旅游区草原天路组图

第七集　元古岩溶高原：西北京畿8亿年前的山原地貌 /（113）
　　——寻拍京西北地层大断裂带遗存景观小谈永定古河"过五关"进北京的艰难历程
　　景观实拍：一、北京妙峰山断裂带今日地层景观组图；二、京北田庄南口断裂带岩溶地貌岩层景观组图；三、门头沟沿河城大断裂西南段岩溶地貌岩层景观组图；四、京西北沿河城至幽州村岩溶地貌岩层景观组图；五、京北怀来官厅山峡及其东部岩溶地貌岩层景观组图；六、京西北宣化南桑干河段岩溶地貌岩层景观组图

第八集　穹窿：地质运动对石头与高山的本真诠释 /（143）
　　——从下苇甸到爨底下寻拍穹窿地貌景观流水篇
　　景观实拍：一、京西下苇甸穹窿地貌及黄台村景观组图；二、雁翅镇青白口穹窿地层景观组图；三、斋堂镇爨底下穹窿地层景观与著名古村景观组图；四、门头沟斋堂镇双石头村地貌与古村景观组图

第九集　喀斯特开凿的"幽燕奥室"与"亚洲第一擎天柱" /（163）
　　　　——寻拍上方山云水洞钟乳石与袁宗道生平
　　　　景观实拍：一、房山区上方山景观组图；二、云水洞钟乳石景观组图

第十集　丹霞地貌在京畿 /（175）
　　　　——承德殊世独立的双塔山与磬锤峰采风纪行
　　　　景观实拍：一、承德双塔山景区丹霞地貌景观组图；二、磬锤峰景区丹霞地貌景观组图；三、承德外八寺之狮子沟三庙景观组图；四、避暑山庄景观组图

第十一集　京西亚高山草甸：冀北元古时代高原台地地貌的"活化石" /（207）
　　　　——南北两线攀登黄草梁纪行
　　　　景观实拍：一、黄草梁南麓高原台地山原地层景观组图；二、门头沟清水镇龙门涧高原台地貌山原景观组图；三、黄草梁北麓亚高山草甸地貌景观组图；四、黄草梁"七座城"与东灵山、百花山亚高山草原地貌景观组图

第十二集　"汉诺坝地层"：京北坝上"水深火热"年代的记录 /（225）
　　　　——寻访张北汉诺坝地质公园火山遗迹纪行
　　　　景观实拍：一、张北坝上草原天路汉诺坝地层山原景观组图；二、张北西坝头白龙洞火山地层景观组图；三、张北台路沟乡大圪垯村火山石柱群地貌景观组图；四、张北海流图乡白不落村小岱岳火山口景观组图；五、汉诺坝地质公园北界张北十字街村火山垣、火山蛋景观组图；六、汉诺坝村南北地层景观组图

第十三集　京北高原火山群的诉说 /（251）
　　　　——内蒙古火山遗迹石条山砧子山采风纪行
　　　　景观实拍：一、太仆寺旗石条山火山锥柱景观组图；二、内蒙古克什

腾旗达里火山群砧子山景观组图

第十四集　北京冰川遗迹："亚洲地质史上光辉的一页" /（265）
　　——模式口中国第四纪冰川遗迹陈列馆与京畿冰川遗迹巡礼
　　景观实拍：一、北京中国第四纪冰川遗迹陈列馆冰川擦痕遗迹组图；二、中国第四纪冰川遗迹陈列馆展出的冰川期前后古生物化石、矿产宝石组图；三、门头沟妙峰山白龙沟冰川漂砾景观组图；四、黄岗梁北大山"冰川石林"景观组图

第十五集　火成的"东方伊甸"冰凿的世界之谜 /（281）
　　——寻访克什克腾旗青山第四纪冰川遗迹岩臼群纪行
　　景观实拍：一、青山园区内奇峰异石草甸景观组图；二、青山岩臼北峰景观组图；三、主峰西的世界之谜大岩臼群景观组图

第十六集　"父亲的草原"：那些泪落如雨的歌谣还会唱多久 /（297）
　　——坝上草原与希拉穆仁大草原寻觅纪行随感
　　景观实拍：一、内蒙古希拉穆仁大草原景观组图；二、克什克腾旗贡格尔大草原与达里湖曼陀山景观组图；三、克什克腾旗乌兰布统大草原景观组图；四、多伦至丰宁坝上草原景观组图；五、正蓝旗金莲川大草原景观组图；六、沽源转佛山滦河神韵草原河景观组图

第十七集　沙漠：我喜欢，"因为是我自己的心" /（325）
　　——京北"四沙"采风素描小谈沙漠成因与福音
　　景观实拍：一、克什克腾旗南界沙地景观组图；二、京北"飞来天漠"黄金沙丘景观组图；三、内蒙古包头响沙湾景观组图；四、西拉木伦河上湾子沙丘景观组图；五、多伦南"布拉格"小沙湾景观组图；六、多伦县城鸳鸯河湿地景观组图

第十八集　1亿年前京北有片树高百米的原始森林 / （359）
　　——延庆千家店硅化木国家地质公园古木化石奇观手记
　　景观实拍：一、延庆地质公园硅化木景观组图；二、沿途山石花木与千家店榆树王景观组图；三、北京动物园木化石展与水禽世界景观组图

第十九集　京东，那片红石山 / （375）
　　——平谷寻拍红石门村"红层"地貌与龙门村长城纪行
　　景观实拍：平谷红石门村地貌与长城景观组图

跋：人类始祖亚当的"天国忏悔"与黑格尔"最后的愿望" / （385）

总序　北京大美"天地人"
　　　兼谈"大北京"的历史释义

> 历史文化是城市的灵魂，要像爱惜自己的生命一样保护好城市历史文化遗产。北京是世界著名古都，丰富的历史文化遗产是一张金名片，传承保护好这份宝贵的历史文化遗产是首都的职责。
>
> ——习近平总书记 2014 年 2 月视察北京市工作时讲话
>
> （摘自新华网）
>
> 方千里曰王畿。
>
> ——《周礼·夏官·职方氏》，古代王城四周千里之地称京畿
>
> 北京绝不是一个文化辐射范围局限在城墙之内的城市。因此研究京城无法离开京郊，也无法离开京畿。
>
> ——北京大学赵世瑜教授《京畿文化："大北京"建设的历史文化基础》

北京，美！

北京，真美！

北京，有天、地、人"三才"之大美！！！

美到什么程度呢？

一位女青年第一次来北京，站在故宫角楼前，自己说"美得直想哭"。而在 20 世纪 50 年代，堂堂的清华教授一代建筑宗师梁思成，为了保护北京古城竟然失声痛哭。中国历史地理学家中国科学院院士侯仁之，在青年时代第一次见到北京城时，便立誓要把自己的一生献给它，并为此践履终身。

半个多世纪前，北京城之美，竟然征服了交战中的铁血军人：毛主席亲提摧枯拉朽的百万大军兵临城下，却对守军捐弃前仇不肯发一枪一炮；

傅作义将军则为之而20万人齐解甲。半个多世纪过去，北京城已不再是当年的北京城了，而天安门广场上，故宫前后，北海、景山环周，颐和园内，京北长城，仍然一年到头，日日人头攒动游人不绝。且不止于平民如此，不止于今人如此，更不止于国人如此。

1918年，青年时代的毛主席第一次到北京，便被北京大美震撼了，在延安时他对斯诺如是说。30年后，他缔造的人民共和国，定都北京，使北京恢复了已失去数十年的一国首都的地位。

20世纪美国的一位总统到天坛公园参观时，感叹道："我们有钱造得起许多天坛，但造不出一棵这样的古树来。"

21世纪初一位美国的总统观瞻了北京后，许下了一个大愿："我一定要带着我的夫人、女儿一起再来。"

20世纪初，印度国家元首在周总理陪同下，参观京西石经山时，竟然提出要用同等重量的黄金，来换我们的一块刻经石板。

我国的许多艺术青年到欧洲去留学，欧洲的一位美术大师却对他们讲道："你们到国外来学什么呀，只要把你们故宫的色彩研究明白就够了。"

以前的小学语文课本中有一篇《长城砖》的文章，虽然内容是虚构的，但长城砖的确有许多真实的故事。长城是中国历史人文之大美，更是北京历史人文之大美，其最壮美者尽在京北长城之内。北京周边长城（含分支、重叠、回环处）长达1000余公里。

1982年美国举办世博会，世博会主席罗伯茨亲自来中国游说，劝中国参加他们的世博会。中国展团带去了10块长城砖，美国专门为长城砖制作了防弹玻璃罩加以保护。许多观众以一睹为快为荣为幸，以至美国媒体评论：中国的长城砖与1982年世博会的观众建立了友谊。西方的历史地理学家们则说长城不仅是中国的，也是世界的。他们主动希望我们申遗。而我国最早的申遗倡导者之一著名历史地理学家、中国科学院院士、北京大学教授侯仁之先生，生前应邀赴哥伦比亚大学讲学时，校方竟然希望能得到一块城砖，据说至今仍收藏在该校的展馆中。而这位了不起的大学者一生的命运道路，竟然是由北京的古城墙与前门箭楼所决定的。

1932年，出生于河北枣强县，祖籍山东武城县的侯仁之，由山东德州二中考入燕京大学历史系。当他进京走出前门火车站时，一眼便看到了雄伟壮美的古城墙与前门箭楼，令他激动不已。后来他回忆道："从那刻起，就决定把自己的一生献给北京城。"他的宏愿大誓用自己的一生实现了。他不仅在国际上成为最有影响力的中国历史地理学家，而且为北京城的保护、建设、开发，做出了卓越的贡献。据说他留校任教期间，每年都要给北大新生讲《侯仁之讲北京》这一课，一直讲了20多年，大礼堂中座无虚席。一座城市的美丽竟然能让一位鼎鼎有名的学者为之一生献身，足见其魅力之巨。

北京之美对西方人的吸引力，则可远溯至13世纪。元大都兴建后，由意大利人马可·波罗的一本游记，把它传播到了欧洲，使西方航海探险家们纷纷漂洋过海来寻找中国、寻找北京，给当时的欧洲开辟了一个"新时代"。由此，古老的北京城世代相接不知成为多少外国专家、学者的研究对象。20世纪初，一位瑞典学者、大学美术教授喜仁龙来北京长住数年，为北京城丈尺度量写了好几种赞美与研究的著述，为老北京留下300多张珍贵的照片。直到新中国成立后，这座古城虽已历经沧桑变迁仍吸引了许多外国游人。据德国媒体报道：2006年，有4400万人出入中国，仅登记长居北京的外国人多达7万人。

而韩国媒体报道称每年有10万人移居中国，"在2008年实现百万共同体"。另有资料称外国人在北京现居者有20万人。也有说是10万余人的。这些数字未必准确，但至少说明了一种趋势。在北京城内及京郊的旅游热地，各种肤色的外国人从不罕见。一位外国大使夫人在离开中国后，把个人网页署名为"北京小树"，因为这位美裔日籍女士在中国居住的11年间，不惜长途奔走，到处寻访北京古树，并称这是"一次穿越历史年轮的时光之旅，散落在市区和郊区的那些威严雄壮的古树，勾勒出北京的过去"。过去，也许并不都好，但每个时代都有美的遗留。人们怀念过去的本质，原本是对历史之美的一种追忆。

北京的魅力自然离不开它的城市景观与皇都的历史文化。一块长城砖、一株古木都有如此巨大的感召魅力，北京的确拥有一种历史的骄傲。

但这些也不过是它的一部分，而常常被人们忽略的，是一种城市之美所存在于自然历史环境之中的美。世间所有人造之美，不过是天空之下大地之中的点缀，是以古人称"天地有大美"。如果说前者足以精巧、灿烂而炫人耳目，示人以优雅之美；后者则以其高远、博大、奇伟、壮阔的气象万千，拓人襟怀，给人以康德式的崇高之美。数年来，京城内外的实地采风让我深切地体会到：北京的城市之美深蕴于丰赡的历史文化之中；而京郊、京畿之美，则更是一种博大的历史自然、历史地理、历史地貌、历史水文、历史植物的天地之美。在这些自然地理之美中，同样承载着无尽的人文历史之演绎。这种天地之美，称得上是北京之大美。

先说北京周边的历史自然之美。北京地处北纬40度线上下，这里是暖温带半湿润大陆性季风气候，既无酷热之难忍，也无苦寒之可畏。因而适合各种植物生长，适地适树的品种兼纳南北方植物。仅收入在20世纪80年代的《北京植物志》一书中，就有近千个科、属，至于到底有多少个品种，编者无法搞清，洋洋200余万字。足见品种之丰盛。而北京植物园一园之中栽培的植物便达一万余种。而且北京所处的这个地带正是环球草原带的南部边缘，因而在它的周边遍布亚高山草甸与大草原。而考古发现这一地区有巨兽时代猛犸象与恐龙的化石以及高达百米以上的古森林硅化木。

再说北京周边的历史地理之美。京北是大燕山横亘千里；京西是太行山余脉环抱；京东辽西则有被人们忽略的、有4000年皇封帝祭的历史，入列"五岳四镇"的北方镇山医巫闾山为屏。三座天下名山首尾相衔，犹如一座大龙椅坐北朝南，簇拥着北京城，南向君临华北大平原。人言楚辞之美亦得江山之助，而北京之美又何尝不是如此？

京北百公里之内，便是历史上著名的尚义至北票东西横亘800公里的巨大地层断裂带。在地层板块冲撞中，断裂带北部上升为蒙古草原，南部则沉降为华北平原。而在过渡带则形成了坝上、坝下的奇特山原峡谷景观。这一巨大的地层变迁不但重塑了京周地貌，而且由于坝上高原挡住了西伯利亚乃至北冰洋的寒流，直接影响了北京地区的气候，远远优于按经纬度划分的同纬度地区的气候。

京东南不足百公里便是渤海湾,太古时代的北京地区还是一片古海。直到16亿年前,京西碾台村的一个山包,作为第一块陆地从海洋中升起;直到2.7亿年前后,北京才变成陆地。此后又受到全球性的海侵危害。在海洋时代,这片海底便不断有海洋火山爆发,陆相地层的火山更是频频爆发,至今在京东、京西、京北到处是古火山遗迹。

第四纪冰川在四万年至一万年前期间,又无情地覆盖了北京郊畿的山原。于今,在京郊、京北可见冰山漂砾、冰臼、冰斗奇峰等各种冰川遗迹的存在。尽管这些如今早已随着火山的死寂、冰川的溶解、海侵的消退,而退出了人们的视野,但它们却在这块土地上,不可泯灭地打造了无数神奇的地理景观。

山川之美为天下之大美,我们再看京周的名川大河。从京东向西算起,直接入海的大河便有十余条之多:①纵横蒙冀辽吉四省区的辽河,自秦汉始便被列为与黄河、长江比肩的"六大川"之一,还有大辽河,都在辽东湾入海;②滦河从丰宁、正蓝旗、多伦画了个大大的问号,便南下纵切大燕山,在秦皇岛、唐山之间的乐亭汇入渤海;③潮白河自京西北沽源东南斜割大燕山,经北京与天津小平原入海;④通州北运河北溯温榆河,西衔北京市古玉河在京东流过,过天津而南下;⑤从山西一路流来的桑干河在京北汇流了源自内蒙古、山西冀北的三条洋河,与京北的妫水河合流为永定河,在京西北至京西、京南流过,至天津又汇流海河,然后入海;⑥黄河,曾经在天津入海,而今在仅距北京城300公里的鲁北汇入渤海;⑦还有北京西南地界的拒马河;⑧京南的大清河;⑨滹沱河,都与北京息息相关,都在京畿之地。这也正是大禹治水为什么从后来的北京京畿之地开始的重要原因。每条大河不但灌溉哺育着京周之山川土地,而且不知奉献了多少河造国土,那些三角洲便是见证。

那么这种说法是否夸大其间有"泛北京化"之嫌?非也,看看汉代幽州刺史部与清代直隶省的行政区划便清楚了,北京始终都是这片广袤土地上的政治、文化中心。两辽之地与黄河三角洲都在其中,且都是历史上的"千里京畿之地"。了解北京,无论如何不能把目光局限在城墙之内。

现代园林建筑艺术理论研究中,有一种既传统又时尚的说法,讲"天地人"三才之道：这种现代建筑艺术的"天才之道"指植物受经纬度影响的水平地带性分布；"地才之道"是指受海拔高度及阴阳地理位置影响及垂直地带性分布；这两种"地带性"分布，规律性地决定了植被受气温、日照、降水、地形条件、海拔高度等自然因素的影响，而呈规律性的地带状分布。如在北纬40～60度之间，环北半球便有一个环球草原带生成，由我国的大兴安岭草原、蒙古高原草原、中亚大草原、俄罗斯大草原和东欧大草原，形成了一个连绵万里的草原带，这便是植被的水平地带性分布。再如长白山，在海拔1000米以下的山间都是针阔叶混交林；在海拔1700～2000米之间便是岳桦林；在海拔2000米以上则是冻原苔原带，只生长低矮的地被植物。而在温带寒温带海拔2000米之下、3000米以上的山间，则有亚高山与高山草甸出现。这种现象便是植被的垂直性地带分布。北京地区的经纬度地理位置，决定了它得天独厚地拥有这两种地带植被分布景观资源，形成了一种丰富多彩的自然之美。而"人才之道"则指人造景观。事实上，人造景观的建构，也有对"天地之道"的借景与因地适宜布局的问题，而堪舆学中则把自然条件视为兴建土木建筑的前提条件，讲究五行、风水、阴阳。是以自古便有"天地有大美而不言"的说法。

  北京的城市之美，完全体现了这种天地人三才之美。而京畿之美则更重在天地两个因素。正由于北京处于北纬40度上下的地理位置，才有了历史气候造成的历史植物之美，草原、高山草甸只是一个方面；北京的古木也是世界各国都城绝无仅有的一种奇观，京郊之内的一、二级古木仍有数万株；而且花木园林之自然历史之美也是世界瞩目的；北京地区各类落叶果木也是闻名宇内、胜于各国首都；这些都是北京的"天才之美"。

  北京的"地才之美"则体现在历史地理变化所构筑的地理景观之美。由于海洋、火山、冰川、水蚀河切、地层大断裂，在千里京畿之内构造了无限美奂的地理景观，喀斯特地貌、草原地貌、风沙地貌、冻土地貌、海相沉积地貌、湖相地貌、陆相沉积地貌、火山地貌、冰川地貌、河谷地貌，甚至丹霞地貌应有尽有，这些地貌中的美景均天下闻名，不胜观瞻。

而且以首都而拥有世界地质公园，北京是唯一，还拥有青白口、汉诺坝等国际标准地层地貌的命名。

  北京的"人才之美"更是丰富多彩。泥河湾、周口店、古崖居等古人类文化遗址，是北京最为悠远、令世界瞩目的历史人文之美；南北环京长城、内外长城是北京最大的野外人文建筑之美；故宫、城墙、城门楼是北京最高端的古典建筑之美；王府四合院、三座门、牌楼门、亭台水榭等古建筑，则是闻名世界的人居之美；名人故居、各种纪念地、庙宇，则是历史大文化之美的物质载体。马可·波罗曾讲过北京城什么都不生产，但什么都不缺少。正是千年古都的历史地位，成就了它无与伦比的城市之美，使它拥有6项世界历史文化遗产（故宫、长城、天坛、颐和园、周口店、十三陵），列世界所有城市之首。

  正是这种天地人之大美，为北京构筑了一部自然历史与人文历史相结合的完整篇章。而只有北京城的历史与京畿的历史相结合，才是完整的北京史。这正是本套丛书所要力图体现的。尽管心劳手拙、眼高手低、鞭短莫及，至少也是一种敝帚芹献。这也正是以"大北京"作为书名的本意。而20世纪至21世纪初，京师史学界对"大北京"概念的热衷倡响，无疑是对历史的一种尊重，对规律的一种揭橥。既为本书的命题与撰写提供了一种依据，也是我国历史地理学在理论与社会实践相结合的一个新突破。

  我国历史地理学方面的研究，在沿革地理方面，无疑是世界领先的，但严格意义上来讲，行政区划的变化与疆界变动，仍是人文历史的范畴，而非历史地理。我国历史地理研究是比较薄弱的。最早发轫于顾颉刚先生在新中国成立前兴办《中国历史地理》半月刊的命名，但内容仍旧是讲沿革地理居多。直到新中国成立后，侯仁之先生明确指出沿革地理与历史地理的本质不同，认为历史地理学是研究不同时期地理环境变化的，由此我们才与世界历史地理学的研究方向接轨。这个领域的研究探讨，应用价值巨大。它可以从地理环境演变的历史规律中，为现在和未来指明发展方向，从而直接影响、乃至介入国家决策。"大北京"概念的提出，有如此意义，它直接导致了京津冀一体化发展战略的出台，对北京地区历史文化的研究，提出了一种开放式的崭新方法论。

"大北京"的概念，出现于20世纪末21世纪初，由清华大学教授、中国两院院士吴良镛先生首倡提出。在京津冀协同发展的重大课题研究中，他讲道："北京自己是很难解决自身问题的，它的出路在于区域协作，就是所谓的'大北京'。"此后便有"首都地区""环渤海地区""世界城市""京津冀一体化"等突破"诸侯经济"行政区划意义的新概念出笼。显然这是一个纯粹的发展话题，但难得的是在提交给国家并获得批准规划性研究报告中，有了"畿辅新区""古都风韵""山清水秀"等历史地理人文概念的切入。不愧是梁思成当年草创清华建筑系的协助者兼主力教师，今日的中国两院院士。

2003年，时任北京师范大学历史系教授的赵世瑜先生，发表了《京畿文化："大北京"建设的历史文化基础》一文，提出了"大北京"的历史文化应考虑到京城、京郊、京畿三个相互关联的历史文化圈，并明确提出：由于北京的地理位置、近千年的都城地位、3000余年的建城史、北方多民族历史文化的特征，还有北京城的宫廷文化、士大夫文化、多彩的民族民俗文化，共同构成了北京历史文化生态的三个层次，使北京形成了"强大的政治文化凝聚力和影响力，使北京的文化辐射空间远超一般的城市。只有从这个更大的空间去思考北京的区域文化，去把握北京社会历史发展的脉络，我们的眼光才不会受到局限，我们对北京历史文化的认识和定位才能更加准确"。北京"绝不仅是一个文化辐射范围局限在城墙之内的城市"。"因此，研究京城无法离开京郊，也无法离开京畿。"

赵世瑜先生论"京畿文化"这篇洋洋万言的论文，我认真拜读了全文，很佩服他对北京历史文化的谙熟，也赞同他对"大北京"历史文化的见地。

北京城市文化固然对周边有着重大的辐射式影响作用，就连北京城的四合院及至广亮门、垂花门都直接影响到京郊乡村。而且在方圆几百里内的乡村，随时都可见村头高耸的三间四柱五楼的牌楼门作为"村门"，彰显出京师古城的胡同里巷风韵。但北京历史文化的形成，同样具有极强的"辐辏效应"。尤其是辽、金、元、清时代，北方民族无疑不可阻挡地受到了中原文化的同化，但各民族文化同样对京师文化产生了极强的影响。例如，满族的萨满教的祭祀与火炕，饮食与服饰，从赫图阿拉的山沟中，一路带到沈阳乃至北京的故宫中。其中，许多习俗在北京至今未泯。而北京的历史文化之所以灿烂辉煌，正因为它吸纳了众多中华民族族群的历史文化因子。因而从这个意义上来讲，北京的历史文化是一种多晶体的合成，而不是一种单晶体的区域文化。

吴、赵两先生都提出了京畿、畿辅的传统概念。那么这两个概念是什么意思呢？都是首都与周边地区的合称。京为首都，畿指京周，辅指畿的行政区划。如汉唐时代有京兆、冯翊、扶风三个京周行政区划合称三辅，三个行政区的级别高于县，相当于三个郡，如汉代的冯翊区下辖24县。为区别它们的特殊地位不称郡而称辅。到了清代，"畿辅"则成为直隶省的专用指代；而顺天府与京兆则指北京市，长官京兆尹、府尹，则相当于北京市市长，级别相当于省。那么清朝的直隶省有多大呢？京津冀三省区，还要加鲁北、豫北、内蒙古南部，辽宁西北部，这就是清代的"畿辅"概念，而不止于京津冀。

那么京畿之地是否有明确的里程划分呢？有。《周礼·夏官·职方氏》称："方千里曰王畿。"意思是说王城四周千里之内，都称为王畿，就是后来所称的京畿之地。北京在历史上的行政区划极其特殊。战国时代它是燕国的都城，东部统治到辽东的鸭绿江口，北至漠南蒙古、大兴安岭南，西到晋东北与赵国接壤，南到鲁北与齐鲁接壤。

燕国的疆域为后来汉唐的幽州底定了大体区划范围。汉高祖设燕国，汉武帝时代又增设幽州刺史部，版图比战国的燕国还大。到了东汉时代，幽州辖有11个郡、国，90余县。西起冀西北，东至朝鲜半岛，南至山东滨州无棣；沿海自渤海湾北以东环渤海，沿黄海东以西环朝鲜湾，地域之广阔比周边的并、冀、青、兖四州刺史部还大。而且最大的特点是，几乎囊括了自漠南东蒙以东直到日本海的所有北方少数民族，因而自周朝开始，这片土地便是多民族共同开发的地域，也是中华民族族群内外部交叉纷争的古战场，尤其自隋唐以降，这里几乎世代战争不断。

民族、战争，形成了北京区域历史文化的两大特征，而绝非宫廷文化、城市文化所能取代的。因而撰写本套丛书的采风区域以"京畿千里"来定位，这样便涉及京、津、冀、鲁、晋、辽、蒙等广阔的地区，这便是笔者把这套丛书定名为《图说大北京》的由来。而称其"大北京",因本书结构包括了两个部分,一部分为人文历史,另一部分为地理历史。世界历史本来由自然史与人类史两部分组成,但所有历史读物似乎都只讲人文史,很少有把地理历史结合进来的。这其中自然有学科分野的界定使然,也有史学研究方法的传统与见识问题。研究人类社会发展与历史条件,自然不能搞地理环境决定论。但若对地理环境因素无视,不但所得出的结论必然缺少科学性,甚至会出现许多历史谜团乃至胡说八道。诸如不到辽东古战场亲睹当年高句丽所建的山城之形势,不了解当年的海岸线之不同,不了解当年200里大沼泽之存在,不了解当年辽河的天堑水势,就去评说隋唐两朝东征辽东高句丽之胜负原因,便都是枉言,这是笔者辽东一行亲观白岩城遗址与查阅当年辽东地理环境之现状后最深切的感受。如果不去张北地质公园与克什克腾旗世界地质公园实地寻访火山群遗址,便不可能相信京北地带当年曾有过遍地火山爆发的时代。如果不去青山区岩臼公园关切寻访,也许就相信了岩臼都是冰川的作品。正是这些促使笔者在撰写本书过程中,始终探求把地理历史与人文历史;北京城文化与京畿文化;既得史料与京外野外实地景观采风结合起来写。显然,这种写法不但是在书斋中无法完成的,而且在各方面都对自己提出了严峻的挑战,要耗去多少时间啊!要涉及多少学科知识啊!好在本书宗旨只是一种大众读物,而非专业著述,更非方志与传统史学研究,更不是历史地理之研究,这都是笔者力不可及的。而是以"大北京"区域内的地理景观与人文历史遗迹为线索,来钩沉讲述与其相关的历史背景、事件、人物、故事。为了把这些碎片化的东西条理起来,使之浑然有序,便按历史年份与统治时代分编,以期增强阅读的历史感。这种写法带来一个无法避免的问题:重复。一些重要景观、遗迹、人物、事件,在不同篇目中重复出现。其实,这种现象在《二十六史》的纪传中也是允许存在的,也需要。于此特作出说明。

关于本书的结构与起止时间的说明:本书的第一卷写北京城建筑的"象天法地",以古城建筑、天神地祇坛庙遗迹为主,配以相关的天文、星象实拍图片,以为"天"卷;第二至四卷,写京畿地理山川的前世今生,配以实拍地理景观图片，以为"地"卷；第五卷主要写北京地区古人类文化遗址与历史上的民族构成，配以历史遗迹实拍图片，以为"人"卷；自第六卷开始，则按历史年代划分，以京畿内地理、历史人文遗迹景观为索引，发掘背后的历史事件、人物、民俗、神话、传说、故事等文化内涵。书中的篇什都各自成章，是为一套碎片化的历史读物。本书的历史起点是从16亿年前京西第一块从海洋升起的陆地写起，写到1949年新中国成立为止。由于笔者坚持没有实地采风为基础的不写，所以难免有许多历史环节的缺失，敬请理解。那么，为什么要从16亿年前的第一块陆地写起呢？因为那是人类历史最初的起源，至少对于北京地区是如此。马克思曾讲过："自然科学往后将包括关于人的科学，正像关于人的科学包括自然科学一样：这将是一门科学。"而比利时的诺贝尔文学奖得主梅特林克则讲道："当冰川和岩穴离开地心之后，它就不再属于地质学和古生物学的范畴了，而是隶属于人类的历史，这可以说是最早的科学断言之一。"(《生命物语》)正由此才有了本书与一般传统历史读物不同的结构：自然史与人类史的结合。虽然远不成熟，权当是一种尝试吧。

在实地采风过程中，笔者数年来拍了十几万张照片，深为京畿山川之大美而震撼；尤其为一些古代建筑、壁画、造像、摩崖艺术的精美惊叹不已；还有许多古迹、故居已十分难得遗存至今。为了把这些不耐时光的美好，用图片的方式留存下来，并与读者共享，每篇文章都附列了大量图片，足以使无机会去亲睹这些美好的读者得领其风采。本书中运用了大量的图片，省略了许多文字描述，许多地理历史人文景观，是难以用文字描述的。图片虽为自己亲拍，但由于摄影技术与器材、天气等条件的限制与影响，很难尽如人意。

抱歉了，"大北京"。但笔者是既尽心也尽力了。但愿此书的出版，能为读者的阅读生活增添一种材料与情趣。

作者
2017年10月于北京寓所

第一集　沧海桑田：16亿年前京西第一块从海洋升起的陆地

——三下沿河城碾台村夜走狮子沟采风小谈北京地史

> 汉孝桓帝时，神仙王远，字方平，降于蔡经家。……麻姑至，蔡经亦举家见之。……麻姑自说云："接待以来①，已见东海②三为桑田。向到蓬莱，水又浅于往者，会时略半也，岂将复为陵陆乎？"方平笑曰："圣人皆言，东海行复扬尘也。"
>
> 〔东晋〕葛洪《神仙传》
>
> ——题　记
>
> 科学家们编制的地质年代，把地层形成的历史分为5代。
>
> 第一代为太古代：45亿年至24亿年之间。
>
> 第二代为元古代：24亿年至5.7亿年之间。
>
> 第三代为古生代：5.7亿年至2.45亿年之间。
>
> 第四代为中生代：2.3亿年至6700万年之间。
>
> 第五代为新生代：6700万年以来。
>
> ——地质纪年年代的划分

中国人真的很聪明，早在1600余年前便知道了沧海桑田的自然法则。

中华民族关于远古时代的许多神话，都具有很高的科学含量。东晋人葛洪编撰的《神仙传》中记载的沧海桑田典故，至少反映了1000多年前中国人对于大自然变化规律的正确认识。

沧海桑田成语，典出于麻姑这个神话人物。传说麻姑是东晋南北朝

---

① 接待以来：得道成仙以来。
② 东海：古人称渤海为东海。

后赵国的女孩，不但人长得漂亮，心地也十分善良。一次她上山采果，得到一枚大桃，便准备带回家中给父亲。路遇一位生病饿昏了的黄衫婆婆，麻姑便把桃子掏出来，一口口喂给了婆婆。婆婆又要喝粥，麻姑便回家熬粥，却被在后赵国当官的父亲喝止而不得出。到了晚上父亲睡着了，麻姑偷偷带着粥去寻找婆婆，但人已不见，只留下一枚桃核。麻姑很难过，便拾起桃核回家了。晚上麻姑梦见了黄衫婆婆告诉她，自己吃了她的桃子病已好了，让她把桃核种下。还说以后还会相见的，不用难过。第二天麻姑便把桃核种在院中。桃树至少要三年生才能结果，可是这棵桃树第二年便十分高大，结满了果子。而且凡是吃了此桃的人，所有的病痛便都消解了。麻姑这才想到那位黄衫婆婆大概是神仙的化身吧。

麻姑虽然很孝顺、善良，但她的父亲却很残暴，在负责为皇帝修皇宫时，为了邀功便逼着百姓每天要干到鸡叫时才能收工，累死了许多人。麻姑知道后，便在每天夜里提前学鸡叫，百姓便可以提前收工了。后来她父亲知道后便要处死她。麻姑逃到城外山中，她父亲又下令放火烧山。正在危难关头，黄衫婆婆出现在空中，救走了麻姑，并收她为弟子。这位黄衫婆婆便是传说中的王母娘娘，她经常派麻姑四处巡察山川湖海。麻姑与王方平相见于蔡经家时，正是奉命去蓬莱巡察回来，讲了沧海桑田那番话。

在民间流传最广的麻姑故事，却是麻姑献寿。传说每年三月三是西王母寿诞之日，王母要在昆仑山天宫中举行蟠桃大会，各路神仙都要来献礼贺寿。麻姑的寿礼却是自酿的寿酒，味道醇美无比，西王母便封她为女寿仙，让她长生不老，是以才能见过三次大海升为陆地、陆地沉为大海的巨变。

谁能想到今天的青藏高原，是3000万年前古地中海的海底呢？谁又能想到北京地区在16亿年前还是一片海洋呢？16亿年后才有第一块陆地从海洋中升起，露出水面。这块初陆虽然当时只有一平方公里左右，却是这里沧桑之变的发端。这个第一块土地，据科学考证，就在东经115°14′，北纬40°06′，此地就是北京市门头沟区斋堂镇沿河城北狮子沟中心的碾台村一带。历史的流传能力真是很伟大，即使那里如今已是一片莽莽苍苍峰峦如涛的山海，但周边仍保留着老虎港、对子港、木子港这样古老的地名。这里的海底大陆架一直经过十余亿年的隆起，才渐次成为陆地。其实，海底的大陆架与陆地是一体相连的，受大陆不同板块的冲撞与造山运动的影响，隆起的便是陆地，沉降的便成为平原、盆地、沟谷、海洋。一旦由学科进行科学的界说，这些变化也许要用一本书，而且那些地质学语言、专业概念绕死你也看不明白。其实道理就这么简单：地壳板块在不断运动，造成局部的隆起抬升与断裂沉陷；而水向低处流。于是地表之间便有了高山平原江河湖海之分。

知道了北京地区考证出16亿年前的第一块陆地，真是觉得很新奇，就跑去沿河城一观。沿河城在金、元时代，只是一个小山村。但地处京西南北交通要冲，地扼山口河口要道，因称三岔口。明代嘉靖年间的1553年于此设守备府。此地地处永定河边上，便习称沿河口。为南长城内三关之一的紫荆关防区北部军事要塞。明代万历年间的1578年，于此建立京西边防军城，始称沿河城，负责防守沿河口、龙门口、黄草梁、洪水口等40公里的城西南的长城，辖有15座墩台敌楼。今日山中仍有敌台遗存。守备府的建城碑证称："沿河以山为城，以河为池，乃京师咽喉之地。"由于此地处宣化、大同与蓟镇几处边防重镇之南，"盖腹心要害处"，塞外蒙古入侵常受侵害，"民闻警溃散去，保匿山谷间"，"百姓未能贴席而卧也"。因而，此处不但建城、设守备府，而且派任都指挥高级武将驻守防御。明朝历代修补长城，此地都是重点，虽受现当代破坏，但仍经修缮得以较为完好地保存。

小城不大，南北300多米，东西四五百米，一条中轴道直贯东西二门，二门均有门无楼。虽无雄伟可言，但修缮完整的10余米高的虎皮石墙，仍令人望而生畏，实有壁垒森严之感。史称"以山为城，以河为池"，十分贴切。小城虽不大，但虎踞于永定河一路之隔的南山坡脚处，背倚路南山险；北临大河龙蟠，河北岸又是一排断崖峭壁林立，实有山河之险可凭。

北城虎皮墙东段与敌台

小城南后侧有残城墙逶迤直上山顶。路北的永定河畔柳林茂密，林间开出一些小菜园在初春开始泛绿。河边堆满了巨大的紫红色巨石，不知是山洪与冰川搬运之功，还是火山爆发时代的遗作，称得上是这里的一道风景。

小城四周群山为屏，出城西便是由斋堂镇直通北部幽州村而达官厅水库的斋幽路211省道，由此进入官厅方向的永定河大峡谷之中。路在西，河在东，两侧是悬崖峭壁、重峦叠嶂，尽是荒山秃岭，一派喀斯特石灰岩地貌景观，显得是那么苍凉苍老苍劲，但仍不失其雄伟气象。

永定河大峡谷，起自官厅水库西南端大坝出水口，过幽州村，因而又称官厅峡谷、幽州峡谷。大峡谷幽州村段之南便是沿河城；至此，达二十多公里，便是狭义的大峡谷。沿河城南面便是斋堂镇，由此入109国道，东向经军响乡、雁翅镇、王平镇、妙峰山镇，在门头沟区政府北，军庄镇南过永定河东，便是这100公里大山峡的出口处三家店，也便流入北京城西了。永定河沿大峡谷一路流过，不知道打造出了多少奇丽的山峡景观，但在我心中最有拉动力的还是那个"碾台"村。

碾台村在沿河城北大峡谷路西的狮子沟群山之中，距沿河城约5公里的光景，是门头沟区斋堂镇沿河城村区划内的一个小村屯。据说那里的山顶有一个夷平面，很像碾台，以此得名。第一次去碾台，自沿河城沿着211省道驶出门头沟区界，进入河北段，路况明显不好。而且去碾台村还要离开这条路，去爬山脊之上的沙石小路，踌躇再三，因小车底盘低，第一次寻访便放弃了，心中老大的遗憾。

　　时隔经年，终于换了一辆商务车又去寻找碾台村，但导航无显示，便只能沿路去寻找。

　　车行至路边有一处房舍似检查站管理站的地方，便停车去打问，巧在路左侧的山环处看见了刻有"沿河城碾台太古界、元古界地层"字样的白色笋形石标牌，便沿着山口北侧的攀山路寻去。路是可以通车的，但全是沙土路面，又是在山崖上，适逢那一天有七级大风，便停车步行攀山，还有五公里多的路程，往返时间足够，便与夫人步行攀山。

沿河城碾台太古界、元古界地层石碑

那山路是沿着大峡谷方向并行而后西向的，因而山风更大，似不止于七级，右面是悬崖，后面是大山，但并不遮风反似有助风势的猖狂。大风迎面强劲地扑来令人举步维艰。但在山上观景俯看与山脚下仰视群山、平视河谷的感觉是大大不同的。难得的是在那山壁间零零星星地见到了绿色植物，真是令人欣喜万分。这段山峡最显著的特征便是"赤裸裸"，是真正的荒山秃岭，因为这一段都是海相地层，就是在海底下生成的结构抬升为陆地、山体的，全是石灰岩，不生长植物。只有少数抗逆性极强的植物才偶得生存。

有一种叫作桃叶鸦葱的一年生草本宿根小植物，生命力特别强大，在北方的大山中似乎都有它的身影，而不论是高寒、干旱，还是贫瘠，它不但能生存下来，而且一开春解冻，它刚刚灰头土脸地从土层、山缝中拱出来，便支撑出与它矮小身材极不相称的大花蕾，开出金黄的花来，叶子虽为披针形，但根本不像桃叶，更像苦菜叶；全身更无一处与葱搭边。花儿与花籽却像蒲公英，无论花、茎、叶，半尺之高似乎便是它的极限，长得虎头虎脑敦敦实实很可爱。我曾从山顶挖回一株盆栽，活了，但活得很难受啊。野生的就让它在野好了，千万别让它勉强升堂入室，否则就等于害了它。在去碾台村路边的山壁上、岩脚下，这种鸦葱处处可见，而且第一次见到一处丛生的，那挺着花蕾的花茎竟有几十棵聚生在一起，像一座袖珍小树林。

自己曾有过"品种决定论"，但任何生命体的成长与变异，似乎都无法摆脱环境因素的影响。对于植物而言，似乎便更为残酷了，它没有选择权，只能去忍受大自然的所有给定，而为了生存，只能去适应。而所谓适应，无非就是改变自己。在碾台村山路的岩石下见到了不少的苦菜花，但也许是新品种，或者是被严酷的高地条件与气候所迫，那原本长披针形的叶子，已退化为茎状叶了，让人想起了沙漠中的那些先锋植物，为了减少水分的蒸发，保证生存的需要，不断地把叶子变小、变细，直到变成根本不成其为叶子几如枝茎相同为止。这就是达尔文的适者生存法则吧，即使身为万物灵长的人类，有时也难以摆脱这种命运。生存，并不是一件很容易的事情。

罕见的桃叶鸦葱群

在路边的山岩上还看见一种十分罕见的小灌木花丛，悬生在岩壁上，盛开着乳白色的花团，像暴马丁香、珍珠梅、文冠果花，但又都不是。花儿开得团团簇簇有如一串串乳色的绒球，还挂有红色的芝麻点，细小的心形叶很像小叶丁香，但叶片更如小指甲盖儿。小灌木的花枝被狂虐的山风摇曳得死去活来，好不容易拍出几张勉强看出花色花形的照片，与读者共享吧。后来才从同行的索师傅那里知道此花名库里花，沿河城当地人则叫它苦力花。4、5月间这种花开得京西大山上到处都是，不亚于山桃、山杏，但因颜色不及，所以并不受人重视。问过许多村人都不知其名。也许是"拙老婆爱颜色"使然吧。

随着山路的步步升高，山风越来越大，而且号叫着，吼得骇人，要俯下身子才得前行，有时刮得人站不住脚，而且还有推拉风，闪人，太可怕了，好在那山路并不十分窄逼，否则就太危险了。而且十分担心山上的"千年悬石等行人"之虞，终于又一次放弃了去碾台村。看了几处冰山漂砾般的悬石，还有一层层堆积着杂石黏土的典型海相断壁岩层后，便下山了。在下山途中，竟然在山坡上发现了一处火成岩的侵入，一条

开满京西大山的库里花

不足20厘米宽的红色岩墙,天衣无缝又界线分明地嵌入石灰岩中。这是地下岩浆在火山运动中,以强力切入石灰岩山体,但没有喷出,便停在那里冷凝为火成岩,以侵入者的姿态留在了那里,几同于人工镶嵌的一般。造物奇工万端难以思议。

虽然是又一次的放弃,但并不虚此行。总归是对这里又增加了不少的感性认识,碾台村,在心中终于不再只是一个抽象的地名概念了。

碾台村对我而言,似乎有一种说不清的吸引力,虽然已去了两次,但没见到它的真容仿佛对不起人一样,总觉心中不安,心底里总有一种空虚。自己一生的苦辛,不在工作,也不在写作,而在对所接触到的未知领域的不肯放弃。于是又有了第三次寻访碾台。

5月上旬第二次去寻黄草梁,不再走清水镇龙门涧。走这条黄草梁南线,那南坡的山险不是我能翻越的,于是改行北线去沿河口走沿黄路,并在当地寻租乘车上山。计划从黄草梁下来在沿河城住下,第二天上午去碾台。可是查询天气预报次日阴有小雨,便想贪晚去碾台。陪我们驾车登山的索师傅,家就住在碾台以西的新庄户村,人很忠厚热诚,开了

30多年的车，走山路很有经验，虽然从黄草梁下来回到沿河城时，已是晚6点多，但听了我们的想法，二话不说，又拉着我们驶入永定河大峡谷，去了碾台村。

　　山路弯弯，山势高峻，从河谷最低处不断上攀。山路沿永定河道方向向北行了一段后，便西向进入又一片万山圈子里。但越走越高，山景便愈显壮气，回望东西的一排横断大山峰，夕阳余晖下的海相沉积岩层理清晰可见，一条条水痕线把大山装点得就像一片水波浩渺的海洋。让人在峰峦如聚的群山脊上行驶，有如航海的感觉，妙极了。这些大山虽然从海底升起，已经历了十数亿年的风剥雨蚀，但仍保留着一份尊严的海相，仿佛在向世人代代诉说着自己从哪里来。海，是一种把真面目埋在壮阔波澜与绚丽色彩之下的不可抗拒；山，则是一种毫无保留地以真面目示人的崇高、威严、不可摧陷；天，称之为天空，并非无物之谓，而是因其襟怀的博大无量无边，高远无涯无际，包容万物而仍雍容大度地留有空间，给人以耳目难捕难捉难测难穷，如玄如冥如梦如幻的神秘美感。而在暮色苍茫中的狮子沟群峰间穿行，则让人找到了一种山海天浑然相融的感觉。不是"天地有大美而不言"，而是天地之大美不可言。

　　过了檀木沟的一个标牌，知道碾台快到了。又盘过几处山弯，在前面路南沟谷间突起的大山头上，出现了像是撒满了大米粒一样的小白点儿——山羊，太可爱的小生灵。有羊便应该有村庄了，但，是不是碾台村呢？又前行一段拐向南面时，发现了路南大山沟对面山头上隐隐约约的山村轮廓，山顶的一块台地也依稀可见，便停下车来察望。山谷对面山头上的羊叫声一阵阵传来，又惊喜地发现一男一女的身影。男的在山台下忙着打理羊群，女的站在山梁线上形成一个清晰的墨色剪影，山台顶青暝色的天空上，高悬着一轮小缺的明月，配着那些在山脊上流动着白绒花般的群羊，几株树影幢幢朦胧，与台上山村的轮廓，构成了群山中一幅绝美的画图。

"是碾台村吗？""是。"苍苍暮色中空谷传音的问答，尽管被喧哗得有如蛙鼓齐鸣的羊叫声淹没，终于都听清了。

"能进村吗？"山梁台顶的女人一边大声回应着，一边用手势告诉我们，车向前开可以绕进村子。又向前走了一小程，便看到了两块石牌：一块上写着：碾台村，是狮子沟中心村，解放初建立了第一所小学校。搬迁前有19户，79人；一块上写着：沿河城碾台太古界、元古界地层。

暮色中和碾台村民隔山沟打招呼

碾台村石碑

太古界、元古界地层石碑

终于亲眼见到了这块在16亿年前,从海底升起的京西第一块陆地。但太阳已下山了,还要不要进村子呢?终于攀了上去,男主人连忙把那头狂吠着的大藏獒拴起来。恰好索师傅与这王姓夫妇相识,便很快攀谈起来。这个小山村现已变成了弃村,变成了一片废墟,到处都是断壁残垣,全村只有这对夫妇坚守在一处略显整齐一点的小院落内,为了养羊才没离开这里。羊群有400多只,全是山羊。一笔不菲的财富,至少能卖30万吧。那些小山羊此起彼伏连绵不绝地咩咩叫着,与小孩子喊妈妈的声音没什么区别,跟在大羊的身后满山梁地跳着、窜着。墙头上一只红冠大黑公鸡竟然天一黑就报晓了啊。那只被锁住的大藏獒时不时地叫几声。这是方圆十数里间唯一能听见的"鸡犬之声相闻"了,但并非"老死不相往来"的孤绝。主人向西边大山坳处一指,告诉我们那边是上大水村;又向北面大山外一指说:那边是檀木沟村。

碾台之台

　　抓紧时间攀上台顶,真是一块大平台,方阔有百十米吧,应该叫大碾台才对呀。但作为群山的碾台,也只能称小了。站在碾台的夷平面上四望群山,这里也是一座大穹窿啊!

　　天上的月光越来越亮,群山大谷间却是越来越黑,太阳早已收起了最后一抹余晖,马上到晚8点了,还需赶回北京城内,便告别主人返程。不断地回望月色下的那座碾台山丘,很像一只巨大的神龟驮着碾台,在山的海洋中笃定一方。而这块已有16亿岁的热土，当下已只有这一对夫妇、一群羊、一只雄鸡、一只藏獒在厮守。而说不定哪一天，这对夫妇迁走，这里也许就又回到远古洪荒的时代。这样有历史价值的地方，是不该弃守的，它至少是北京地区自然史的一个里程碑，是这片土地沧桑巨变的见证人。这里应建立一个地理博物馆，让人们知道这片山川土地形成有多么艰难与不易。16亿年了，碾台村就像竹林中迎春破土穿出的竹笋，拉动了京西的古海底陆续隆起为重重大山。它是一个开端，是它拉开了北京地区自然史新纪元的序幕。

16亿年前的京西是一片大海，只有碾台村的一平方公里土地浮出海面，此后便有周边陆地的升起。北京首都圈内同时出现的陆地还有密云、蓟县等地。14亿至8亿年间，则有笔架山南门头沟区最北部的大村一带，东灵山以东的龙门涧地域的燕家台、柏峪台一带，雁翅镇以西的青白口一带地层从海中浮出。6亿至4亿年间，又有清水镇、军响乡、田庄、妙峰山、上下苇甸、军庄镇、潭柘寺镇以西以南大片地表从海洋中升起。4亿至3亿年间，这里的海洋时代基本结束，渐有门头沟大西南的百花山一带，门头沟镇以西的九龙山、千军台、木城涧、艾洼村直到京西永定镇、马鞍山及潭柘寺镇北的陆相地层生成。而且这期间又有海水不断消涨、地层大断裂、燕山运动、喜马拉雅运动与火山爆发的影响，使北京地区的地表、地形、地势都有极大的改变。

直到2.7亿年前后，北京市现在的这块土地才比较稳定地从海洋中溢出。地层形成后又在上述各种地理运动因素的影响下，不断发生变化，在1.4亿至0.7亿年间，由于燕山运动引发的断裂、地震、火山大面积爆发，又在京西、门头沟区南部形成了浅山区、丘陵、台地、小平原；京西北则由于地层的一次次大断裂隆起为"岩溶高原"，多为一两千米的大山；南部则大沉降为浅山区及平原。而在3000万年至300万年间，这里才发育成黄土地层。这才完成了不知久远有多远的沧海桑田之变迁，是以"沧桑"二字不可轻言，而造物又何其不易？我们真当学会珍惜，而不只考虑自己的需要。遗憾的是，我们从小就很少受到自然史的教育。

望着已消失在月色中的碾台村方向，已是一片迷蒙。有多少人知道这里有个碾台村呢？又有谁知道在如此深幽的群山峰峦间的一个小山包上，还有一对夫妇拥着一群羊与鸡犬在这里厮守着呢？祝你们年年丰收、人畜兴旺、一生幸福，伟大的坚守者们！

暮色中碾台村后的群山

一、沿河城古城景观组图

沿河古城西门

西门南侧连接东山上的长城残垣

城内街巷与古宅

城北坡永定河南岸足有一人高的紫色巨石群

古城东北角永定河桥

二、沿河口村长城景观组图

沿河口村概貌（在沿河城西南一公里左右，有三、四、五号长城敌台，东北与沿河城一、二号敌台相衔接，地控交通要道；西南与黄草梁上七座楼遥望，犄角声援）

路北峭壁之上的三号敌台

三号敌台北门过涧桥

第一集 沧海桑田：16亿年前京西第一块从海洋升起的陆地

三号敌台的南门

三号台牌匾

四号敌台完好的敌楼

敌台上的箭窗与射孔

楼内券门保存完好。沿河口村的长城敌台是长城中建筑最精美的

三、狮子沟碾台村山路景观组图

狮子沟界碑

壁上悬石风化石蛋

山路边纪念山下丰沙线铁路建设者的界碑

第一集 沧海桑田：16亿年前京西第一块从海洋升起的陆地

盘山道上俯瞰永定河铁路桥

永定河美丽的小沙洲

开凿山路形成的海相沉积岩大剖面

盘山道外侧的石壁

四月中旬岩壁上叶片变形的苦麻菜花

第一集 沧海桑田：16亿年前京西第一块从海洋升起的陆地

盘山道山坡上红色的火山侵入岩墙

美丽的库里花序(苦力花)

四、狮子沟碾台村景观组图

夜走狮子沟：从沿河城到狮子沟已是黄昏日落时分。身后的盘山道剖面岩层与布满了海相沉积线的大山，证明着这里的来自

三寻碾台村终于见到了这个"台"，16亿年前从海底升起的第一块陆地上，布满了羊群

碾台村唯一尚存住人的残宅

老宅弃屋

坚守者眺望远方

第二集　15亿年前后的京东海底火山大爆发

——寻访平谷元古时代三羊古火山遗迹纪行

去三羊古火山景区，千万不要怀抱五大连池、长白山火山地貌的奢望，但也绝不会让你失望。关键是你想看什么。五大连池的火山30万岁；长白山火山也才300万岁；而三羊古火山已15亿岁，且于此处亦可见18.5亿年前在海底形成的岩层、山石。何况这里本是在海底爆发的火山遗迹，实属难得一见，值！

——题　记

三羊古火山景区，在平谷区北的熊儿寨乡花峪村南近的大山峡中，距县城20公里左右。沿京平高速公路行至与平二路交叉路口，左拐进入平二路向北直行穿过平谷区，直线进入平程路S230行至熊儿寨村北，在平程路与熊南路交叉路口处右拐入035县道，向东北行至"花峪村委会"门前，在路南竖有村委会蓝牌与"三羊古火山"褐色石碑指示牌处，右拐南行入山，不远便到了景区山门口，很好找，路况也相当好。各种型号的车辆均可顺利通行。

三羊古火山没有人们从火山图片上看到的种种奇特地貌景观，因为它的年代太久远了，它的喷发期至少在15亿年前后，那时的平谷县仍是汪洋一片，是古海底。可以想见海洋中的火山爆发，会是何等壮观：海底的地壳板块发生倾轧碰撞而出现缝隙，海水沿着缝隙向下渗漏，而地下的岩浆在高温高压下膨胀已久，正在寻找突破口溢出。在岩浆层中蓄积气体的强大张力推动下，向上挤蹿的高温岩浆，一旦遇到冰凉的海水袭来，就像是在阳光下已膨胀到了极点的气球突然遭到雨淋一样，顷刻间爆炸得粉碎。海水的压力远敌不过岩浆的喷发力，只能愤怒地发动海啸去完成压力转移，海浪以每小时750公里的极速，形成几十米高的海墙，在几小时内横掠大洋扑向海岸，毁灭所遇到的一切。而火山口喷溢出来的岩浆在海水的降温下，迅速冷凝为新的海岛、海岭，极大地改变了海底碳酸盐沉积层的结构，为其增添了无比的肥力。这些岩浆在高温高压下同时也发生了质的变化，创造了各种金属、宝石矿藏。

海相沉积岩地层

海底火山爆发的这种多重效应，无疑对十几亿年后的平谷地形地貌及物产有着极大的影响。这里曾经发现过金矿而且山林如此丰茂，盛产各种阔叶水果，便不足为奇了。在今日三羊古火山景区内铺设的白羊路，都是各种颜色的火山石，每一块都在阳光下银星闪闪发出极细小如沙尘而耀眼的光芒，应该是石内的金属元素在闪耀，但我相信这条"金光大道"景观多被忽略了。

三羊古火山遗迹跨越了15亿年的周期，至今仍有遗存，实在是天赐的一种富源。它不但具有极宝贵的地学价值，也极具观赏价值。尤其对于对地学、山石感兴趣的人而言，实在是不可多得的一方宝地。

沿着大路过熊山寨时，便会见到群山峰顶和峰腰处出现紫红色的火山岩层，在满山碧树的映衬下显得格外美丽。到了花峪村委会门前，村前村后的大山都极其峻伟，同样有赭红色的岩层在阳光下闪耀。它们是否便是当年海底火山爆发时形成的海岭在海中的升起呢？

从村委会门前向南曲曲折折地走了不远，便到了景区壮观的山门前。门里便是三羊山的大山峡。峡谷间的树木长得太茂盛了，要看两边雄伟的山体，你得从树缝中去看。但仍遮不住山体断面上显露出的火成岩的绚美。无论色彩、形体、节理层理纹理，尽皆美轮美奂。有人说游山玩水傻瓜才拍照。这实在是一种庸人之见，囫囵吞枣有如五庄观中的猪悟能一般无二。就是为了观景，远观大概，与用长焦拉近了来看，眼福是大大不同的。天下事本是公说婆说、萝卜白菜各有所爱，很正常，谁也勉强不得谁，各得其乐吧。

三羊古火山景区正门

唐人岑参当年在新疆轮台任安西北庭节度使判官时，有一首送别封常清西征的诗称"一川碎石大如斗"，对西北走马川的斗石便称其为大，但区区斗石在三羊山山峡中又算得了什么？十斗百斗之巨石亦不罕见，且各具形态，有大如平台者，有巨如屋室者，还有一种板块适中分选均匀的流石，如石沙般从山顶一直流泻到谷底。还有一种石面纹理细腻的石块，记录了它在18亿年前形成的海境，被称为盘古石；有一种面理之纹有如一个胎字的胎石；有一种布满褐色条纹，有如母婴图案花纹的石娘；

还有一种梅花石,遍布于山峡中部的谷底,黄灰色石面上布满了黑色的圆点,是由于从海底升为陆地的石英砂岩中的泥质被蚀掉,铁质被氧化了,在石上留下了黑色的印痕。而石峡两侧壁立千仞的层理、节理石更是美不胜收,各具形态。在路东侧还有一处火山石塔,不过是数块节理石向上的叠加如垒。走到山峡中部,遇到一个夹道峡口,峡口南迎面立着一座高大的孤峰,被称为"古猿迎宾",也就是一种称谓吧。

走过一段路后,接近了火山爆发处。路东侧有一眼古井,似应是一处火山喷发造成的喷气孔吧。在不远处的路西侧,也有一个火山喷气孔。据专家测定说这个喷气孔当年有一两千米深,而当地的老人们则说几十年前这里还很深,投石回音要很长的时间,而今已只余十几米深了。

山中古井(疑似火山爆发时的通气孔)

本来再向前走不远便是此行最终目标火山口了,但指示牌挂得实在不科学,便错过了路口,沿着白羊路一直前行,便又见有"天生桥"的大红字路标,一路把人引入路东南的山岭上。野路,步步高,有了山野之荒的感觉。野草、灌木、高大的核桃树中间,一条小荒道又不时有石阶路出现。当初以为火山口一定在这个天生桥的前面,便很起劲地向前攀行,但越走越找不到感觉,便想回寻,但夫人坚持要看桥,便又向前攀去。我几次要下山,但夫人只是要前行,这女人的野心比男人大啊,我被"绑架"着一路攀行到了天生桥下，已快到绝顶了。山下有标牌注称这里海拔有2000多米了。

还是很值得一看，一层层沉积岩断面清晰可见，铁证着这里是18亿年前的海底沉积层。那"桥"也真像一座独板石桥，几米宽十几米长吧。不过是下面的地层全风化、水蚀掉，只剩下这顶部一层掏空了。夫人又马不停蹄地沿着桥左侧的盘山道走没影了，但这次就是千呼万唤我也不肯再被"绑架"了，我要看的火山口还没找到,怎肯把时间都丢在攀山上？据介绍如果沿这条路继续前行，可看到一处天湖和千亩松林。但那肯定是山的另一面了。

回走，去寻火山口。真是大意失了荆州，虽没败走麦城，但花掉了足有一小时的时间，好在也有所斩获。火山口就在喷气孔前面不远处，路两边不足百米处一面一个火山口。虽然只是百余平方米的两个水潭，但这是15亿年前的遗留啊，弥足珍贵之物，但愿它不再被弥平才好。

布满青苔的古火山口水池

一、京东平谷县黄松峪地质公园景观组图

熊儿寨至花峪村路边的海相沉积岩层向斜大山

火山锥形山下的果园

背斜峰群

三羊古火山北路口标牌

裸露的岩层

第二集 15亿年前后的京东海底火山大爆发

二、三羊山古火山异石景观组图

美丽的石英砂岩石壁

石崖层理石

闪闪发光的路石

梅花石（一）

梅花石（二）

石娘育子：巨石上的母子图案形

水平层理石形成的石墙

斜向层理石

第二集　15亿年前后的京东海底火山大爆发

三、三羊山古火山奇峰山岩景观组图

山峡景区路上的龙门口，前面的独秀峰称为古猿迎宾

背斜拱起的层层叠叠的沉积岩馒头峰

水平层理剪切

断裂的层节理破裂面　　　　　　　　　古海底石纹

沉积岩巨石

古海底石

第二集　15亿年前后的京东海底火山大爆发

四、古火山天生桥景观组图

天生桥：三羊古火山主要著名景点，地质学界叹为奇观。在大山峡最里面接近顶峰处

去往天生桥的盘山道

天生桥左上部的古海洋风化地层

天生桥左侧的翻山道，爬过去就是山那边

天生桥：山体下部的层面都已风化垮掉，只剩最顶层，有如石板桥。断面上的白色圆点都是岩石中的金属闪光点。所有的金属矿藏都是岩层、沉积物在特定物理化学作用下的变质产物，点石成金并非只是传说

风化的古海洋地层断面（一）

风化的古海洋地层断面（二）

风化的古海洋地层断面（三）

五、古海洋火山爆发遗迹景观组图

古海洋火山爆发时遗留的通气孔

火山通气孔

古海洋火山口

大约只有几十平米的路东火山口水面

石河，都是自然拣选的同大石块，滑落相积如河

第三集　京东大石林的"世界之最"

——平谷石林峡寻找 14 亿年前山体纪行兼谈"崖柏"

数年来的京畿地貌采风，不知遭际到多少内外因的歧误与偏离。但似乎每一次错误的结局，都有意外的收获。这次去所谓的京东大石林的石林峡景区便是如此。尽管这里根本就没有石林，但仍旧是大有斩获……

——题　记

京畿景区地名称谓之混乱，一是张北的野狐岭，一是平谷黄松峪地质公园景区。你想要去哪里，千万找到它所在地的行政村的地名，后起的那些景区花名多不可靠，不仅景区景点宣传争夺战混乱不堪，一些游客的博文更不可靠。而去石林峡本欲一观北方石林，结果是风马牛大相径庭。

石林本是一种由众多单体石柱联合构成的林状的喀斯特地貌景观，是"水"的作品，是由水蚀作用形成的，因而也称岩溶地貌，著名的云南石林便是这种地貌景观。而黄松峪的"石林"不但没有呈林状的石柱群，也没有石林那种剑状、柱状、塔状的独立峰体与石灰岩柱等碳酸盐岩柱石，这里的山体是由石英砂岩构成，就石峡山而言，连峰林也谈不上，对比一下石林、峰林的图片就知道了。

石林峡就石林而言，是百分之百徒有虚名，对于峡谷而言也很难说，至多也是一山之峡，大山沟而已。笔者是乘缆车上山的，没有更多的发言权。这里的山顶有著名的玻璃观景台，据说是"世界之最"，无论是悬挑长度还是观景台面积，都是世界之最，超过了美国科罗拉多大峡谷上的玻璃观景台。但这种比较有什么意义呢？人家的观景台是马蹄形的琉璃桥，能承担72架波音飞机的重量。但咱们的观景台也很壮观，不过我并不想去寻那份刺激，只是想寻一个较高的平台来拍这块14亿年前形成的地层地貌景观。可是到了索道上站一问，才知道这里与他山之石并不相通，只是一个孤山顶，自己是顿时兴趣全无，尽管只剩下300米远到顶而且还有人工栈道直达，还是放弃了，实在是毫无心情。便在索道上站之上的小平台上仰拍了几张山顶上的玻璃透明大圆盘。在一个大山里的乡村间，能有此等建树创造实属不易，就是把那些一张张巨大的10厘米厚的玻璃砖运到近800米高的绝顶上谈何容易？中国劳苦大众的血肉之躯，真是耐得劳苦，且从来不乏智慧。底层的人民大众是该永远受到尊重的。

玻璃栈道远观全景

夫人不嫌累爬上观景台去了，我在索道上站之上"候人兮猗"，但与涂山氏是大大地错位了。站在小小的观景台上拍群山吧，没见过活动空间如此局促的孤峰绝顶。这里虽无石林可观，但并不比观石林有逊。把那些大山用长焦拉过来，一块块地进行分镜头切割也是一件快事。大燕山的群山是真漂亮啊，虽然这里不过是它甩在南面的裙边袖头，便已够美的了。

最可观的是那些黄褐色的石英砂岩大剖面，层有层理，节有节理，面有面理。既然上了"石林山",我便尽量把北近的大山壁切割成局部石林状,还真有点石林味儿。但最美的还是整体的壮观。北近对面赤裸的大山剖面,像一面落地式大石屏,足有几百米高深。节理、层理构成了它无数的小格扇。正是这些节理、层理的有序交错,既表现了14亿年前的海相沉积岩质地,也证明了在吕梁运动、燕山运动、喜马拉雅运动,以及15亿年前后,还是海洋时代在附近爆发的火山对它的影响。东面大山与北面的天云山携手联袂更是气势不凡。而北面大概是天云山的一座山腰间,隐现出一排岩穴,很像是火山喷发时形成的浅穴。洞的形成与火山无关,但熔岩洞穴则是火山喷发的产物。

北部天云山景观:火山喷发形成的浅穴

尽管平谷山地的地貌十分复杂,在不大的区间拥有数种地貌,但火山对这里的地形地貌在整体上有极大的影响。石林山东面的三羊山古火山,北近的梨树沟火山口,都是十几亿年前在海底爆发的火山遗迹。这里原本是一片连绵的古火山区,正由此形成了十分利于林木生长的火山地层表土,使这一带的森林覆盖率很高,地貌与永定河大峡谷群山的喀斯特地貌光秃秃的穷山迥然不同。山顶、谷间一片郁郁葱葱富盛气象,加之有黄松峪河形成的水库在山下映衬,林隙间显露出黄色的、褐色的悬崖峭壁断面,使得这里的山川十分富美,游人徜徉流连其间,竟然领略到一派江南的山水韵味。而在石林山上则找到了一种黄山的气氛，至少让我想到了攀登黄山时的景观。

石林峡山下河流两岸葱茏的大山

在石林山谷间长满了各类乔灌木。栎树正在抽放花穗，还有一种从未见过的花灌木，在壁间绽放出兰花指样的花序。而最令人感到奇特的是，这里没有松树，但柏树却是大旺其族。尤其是在悬崖、绝壁、大剖面的山岩节理间，挂满了崖柏，更奇特的是全部是扁叶侧柏，与南方名贵的濒绝树种崖柏同属。

那种崖柏如今已名贵到价比黄金，据说这种崖柏是从恐龙时代遗存下来的孑遗物种，有6000万年以上的历史，被称为古木的"活化石"。一层白色内皮中包裹着金黄色、红褐色的芯材。由于生长在崖壁的残酷立地条件上，生得斑斑节节、扭曲坚实，比重很大如石沉水。由于材质的珍贵、美观、难得，成为昂贵的工艺材料，以至一件根茎的价格竟高达上亿元。许多山民不计生死，用绳索吊悬在峭壁上，攀行在岩壁的节理之间，看得人心惊胆战。人为财死，鸟为食亡，信非虚言。据说在河北平山县大西北深山中的小觉镇卸甲村老君沟，也发现了这种昂贵崖柏，那么在黄松峪的崖柏间，是否也有这种"活化石"的崖柏存在呢？

崖柏，一种令人感动的生存现象。在数百米高的绝壁上，乃至在海拔千米的绝顶上，既缺水源又无壤土，于坚石之间就那样悬挂着，成长着。这种树生长之缓慢在数十年间都看不出有什么变化，就那么高那么大小，但它实实在在的是在日日成长着。它所有的生存努力，都被狂虐的山风、寒威诸多对生命围剿的力量，压缩为一种质地、质量，凝结为一种超常的价值。

石林山高达700余米，挂在峭壁间，挺立在绝巘山石上的一树树塔状崖柏，虽然身

平行节理层理山岩间的崖柏鲜艳夺目

量都不大，但树树生得枝繁叶茂。这种原本高大的乔木树种，似乎已被严酷的生存环境改变为灌木丛了，但它毫不放弃自己的本色。那些矮小的枝干仍傲显出柏树家族天生的倔强顽强，那叶片上闪动的鲜绿色油亮光彩，绝非画师调色盘上能调出的，在城区古寺中那些古柏上你也绝难见到。这种奇特的生命力靠什么在支撑着呢？根，根的力量。在这个世界上，根的力量是不可思议的。山壁间的一株崖柏的根，已经把脚下的岩石胀裂揭开，谁知道那根扎得有多深啊。任你山风如何狂虐强霸，为山中的绿色植物划定了各自的生存界线，但它撼不动挂在岩壁上的崖柏。

望着石林峡断壁绝顶上江山如画中的那些塔形的绿色生命，我仿佛听见大峡谷中飘起了那首悲壮伤感的歌，仿佛在向我们讲解着一种生存哲学——把根留住。

一、石林峡峰石景观组图

石林峡景区山门

卸荷裂隙山石

风化峰石

节理裂隙山石

二、山崖间的花木组图

盘山道旁的崖柏

断壁上的崖柏

把山石胀裂的崖柏

第三集 京东大石林的「世界之最」

峰谷间的崖柏与乔灌木

山石裂隙上的崖柏

南山北坡顶飞流直下的湍瀑

山腰上树冠庞大的崖柏

山谷间的板栗花开

谷底绿树葱茏下的爬山道

三、飞碟式玻璃栈道景观组图

石林山标与飞碟玻璃观景台简介

玻璃栈道下的巨石如垒

栈道的框架结构

栈道上的游人

栈道顶眺望东部群山

第四集 "青白口纪":首都的骄傲与平西河山14亿年的"创世纪"

——寻拍中国地质青白口纪命名地青白口村岩层与穹窿山随笔

> 京西地区第一次创世纪的"开天辟地",在16亿年至5亿年前后,这里基本完成了从海洋到陆地的过渡。第二次创世纪则是在2亿年至6500万年间燕山运动中的"掀天揭地"再造山河,为我们大体框定了今日所见的地貌轮廓。但并非终结,至今西山还在抬高,大峡谷还在进行着深度切割。地壳是永远无法安于现状的。尽管它不像人类这般贪得无厌,却是个天生的运动员。
>
> ——题记

4月下旬去门头沟雁翅镇青白口村进行"准地质学"式的寻拍,专门去拍那里的山体与岩石。本没有审美的希冀,只为了一种不可思议的好奇,却得见了天下至美。

好奇之一,是这里有著名的"青白口穹窿"。地质学上的穹窿,就是凹凸结合的一种山区地貌:穹,就是一种向上的窿起;窿,就是一种向下的断陷低洼。穹窿就是一区域的核心部分有高高崛起的大山,四围都是低陷地;低陷地外围又有一圈儿群山构成一个向心圆,把核心地带围了起来。据说在平西的大山里,有三个这样的穹窿。从北京方向出发,向西数第一个便是妙峰山镇的上、下苇甸穹窿;第二个便是雁翅镇的青白口穹窿;第三个便是斋堂镇的爨底下穹窿,这个穹窿虽然小一点,也仍见得出不凡的山势。这种穹窿一般的田野观察,很难得全貌,在地面行走,只能看看局部地形与山势吧。

雁翅镇黄庄穹窿山景观

好奇之二，这个小小的村庄位于雁翅镇政府所在地的西侧，有200余户600余人口的小山村，竟然是中国地质学上"青白口纪"的命名地，因为这里的地层形成于10亿至8亿年前，便把全国这一时期形成地层地方的地貌特征，都归入了"青白口系"，尽管这一时期的主要地貌形态都在南方，但仍以此地来命名，因为这是"标准"，是那一时期地层地貌的代表作。而且这一命名得到了国际上的认同。

青白口系地层的特点是由砂岩、页岩、石灰岩构成，都是海相地层，就是在海底下形成的泥沙类岩石升起为地面的。在10亿至8亿年这一时段。这些地质纪年的时间也都是"大体上"。我们日常生活中常常以千年万年来喻示恒久、永远，但在地质纪年中，千年万年就像我们一天24小时中的分秒一样吧。

从北京去青白口要走109国道，这条国道从门头沟区政府北部的山口起始西行，一直随永定河河道伸展到斋堂镇以东。以往不知去过多少次，但都是为了寻访长城、古堡、古村等人文遗迹，对两边的大山则几乎完全地忽略了，而"青白口"这三个字根本排不上自己近期、远期的日程表。而这次为了"穹窿""青白口纪"与"青白口系"而出行，便不一样了，眼光完全放在了山体与岩石上。从进入大山的石担路始,便不断地拍大山。

那个雁翅镇也许是109公路线上最混乱的一个地名:什么雁翅村、站、所、院,但那都不是青白口附近的雁翅镇,还要向西老远才到雁翅镇。过了雁翅镇政府所在地还要向西行,到了109国道68公里处的路北,便是青白口村。永定河绕过村东向南流,穿过国道拐向东流时,有西南方向的清水河汇入,这是永定河山峡段中最大的一条支流吧。永定河中的水很少;河床都是河卵石,大小色彩各不相同,河滩上的柳树林十分漂亮。村北则是丰沙铁路线,一架很长的铁路桥从永定河上跨过。在这条100公里长的大山峡中,这样的铁路桥要有几十座,也是山峡中的一种典型的现代景观。

永定河河滩上的柳树林

在村西北角的铁路桥南,有两孔建在小丘顶上的古窑屋,真是特别,无山可依,独立地在小山包上砌起了两栋露天穹顶的"窑洞"。这座小山包的东壁与北壁上裸露的岩层,十分典型地表现出了"青白口纪"的岩层特征,像是一张张千层饼一层层叠压着构成山石、山崖,各种颜色都有,几如一个小型的页岩博物馆。但真正的"大博物馆",则在村西一两公里处109国道西侧的大山中。

出村沿道西行，在 69~72 公里间清水河两岸的几座大山真是叫绝，我敢说那是一路上最美好的一处景观，而且是一种拥有地质学特色的美点。这几公里的山路正是一个大 S 弯。第一个转弯口处路左侧是五座连在一起的山峰，峰体的色彩依次为白、黑、红、黄、青，奇了，是以色彩的奇丽与造型的独特而独步天下。这是令我流连忘返，只想不断狂拍的第一组山体，我把它们权称"青白五色山"。

　　在这座"五色山"中，最美的又称第一峰，我称它为"断壁板屏峰"，山体最外侧的一面有如高大的巨型断墙残壁，狼牙锯齿地裸露着。通天落地乳白色的山体外沿儿，附丽了一层紫红色的山体镶边，像是蒲公英叶的锯齿缘。整个山体，完全由你想不到的巨大平贴的白板排列组合，就像五六张摩天的乳白色胶合板并排地立在路口上，形成一道巨大的山屏。初绽鲜绿的小灌木，星罗棋布般点缀在山缝、节理之间，那造型与色彩美极了。全山除了点缀着疏密有致的淡绿色外，通体乳白色山岩，竟无一点杂石相间。同行的夫人也赞口不绝：这就是一幅笔墨兼工的天然淡彩国画。人家是美术教授，相信所言非虚。把整座山峰用镜头把它分割出若干局部，则愈见其美奂之所在。

　　第二峰，基本是偏近黑色的调子，我叫它"层楼双峰"。高高的山峰，呈现出四层大小不一的夷平面，平面上生长着横贯的野草灌木带，把此山分割为四层楼模样，顶层则是两座金字塔般并列，像是一座四层楼阁的两座歇山顶。

　　第三峰，以红色调子为主，杂以多种颜色，我称它为"彩虹峰"。紧压在国道路内侧的山根，拔地而起的是一条条以红色为主，间以白、黄、青、紫各色宽大的条纹，那种纵向的条条竖纹，都像一根柱子，又像画师用大板刷一条条刷下来的笔道，有如一大块色接。这些"大色柱"并列的旁边，则是鲜亮的紫红色壁石面，还有一块块大方石叠在一起形成巨大的井田壁。在这面红石壁上爬满了一条条绿色的野藤，为山体挂上了漂亮的绿色缨络。

　　第四峰是黄色的，我称之为"泥砂块垒峰"。山体完全由土黄色的细砂岩与泥岩组成，就像是一座黄土块垒成的大山。

五峰连体大山

路北的节理大山

第五峰是一座青色的山体，我称之为"青衣花旦峰"，上面几乎全被一层防护网覆盖，难见庐山真面目，山体笔直向上，绝无旁顾侧铺，就像是一棵被斫光了枝丫的粗大树干。

在这座"五色山"西侧是一个加油站，站西便是法城桥，桥西便是通往法城村景区的进出口。在口西便是两座并立的山峰，两山皆如巨大的石笋，我称为"双笋山"，下午时分，完全是逆光而视山阴，一片黑幽幽的光影，愈显其凝重气派。

以上是路南的七座山峰，下面再来看路北的山峰。路南的山，地势较高，立地于永定河道南的山地上；路北的山则立地在河谷中，起点虽矮了一截，但由大山的高峻找平。

这段路北亦是河北岸的东首大山，由一条条垂直的类似柱状节理构成山体，有如西方的哥特式建筑，我称之为"哥特山"。哥特山横断于永定河与国道由东西走向转南的转角处，从西面东望，真像是一架横断河谷路口的大屏风，整座山似有五六条纵褶，但条条都有如哥特式大教堂的扶墙柱，从河谷间一直爬升到山顶。很类似于火山爆发喷射的岩浆没有喷出地面而垂直冷却于火山喷道中的节理柱群，随着造山运动而升出地面。向西毗邻携手的是一座与路南五色山相对偏西的山峰，纵向峰顶有十余个，我便称之为"十锷山"，清水河有如一条亮线，从山根下流过。这座大山的结构十分复杂。整体看就像前面那座哥特山，每束石很明显的柱体各顶着一镞巨大的箭头锋刃，像从河岸上直刺向长天的粗大投枪，又很像一架火箭炮。但从局部分解来看，则可以区分出许多画面，漓江有"九马画山"等称谓，这座山阳处的面体上，你说不清都"画"了什么。在那些大片石的平面上你会看出许多图案，如狮、如虎、如熊、如古木、如蝌蚪文……许多地方就像是一层层大片石粘贴在一起。尤其东面的几处峰顶巨大的三角形平整峰面连在一起，像一把大扇子，也很像张开的大鸟尾羽，十分罕见的立平板峰顶。

这座足有一公里的大山体真是气象万千，百看不厌，是以构想出许多画图。在这座大山西端半山腰下，依偎着一座十分秀美的子山，却从中被坡面上的一道自上而下的大槽沟画出了楚河汉界，变成了并蒂连体桃，我称它为"姊妹山"。山体上的各种岩石形态与灌木丛,联手勾勒出令人眼花瞭乱的图案,很像一幅完全用不规则的线条勾勒出来的儿童画,有一种特殊的美。

丰富多彩的岩层组合画面

都说是黄山归来不看岳,五岳归来不看山,桂林山水甲天下,其实未必。漓江的水足称天下一甲之美,但就山而言,大概是各有千秋吧。黄山、泰山、漓江山水,笔者都见过,的确各有令人难忘的景色气象,但这个"青白口穹窿"的山光,就笔者一座座用镜头进行局部分解来观赏而言,同样会以自己的特色独步天下。无论黄山、泰山,笔者自为其雄浑的气象大观而宾服,但却没看到有如青白口这座"断壁板屏峰"的奇特造型与秀美。审美的事也许是一件公说婆说、萝卜白菜之事吧。一人之见而已。

这里的大山,身上都深镌着两道造物历史的印痕。其一,大海的胎记。它们都是大海的儿女,10亿年前后生成于海洋底部,随海底的上升而成为地层。其二,造山运动的雕痕。它们都是2亿年前发生的燕山运动的产儿。北京地区乃至整个华北平原从海底升起后,本是与山西高原乃至内蒙古高原连在一起的高原,曾有过一个夷平期,整个华北高原变成了准平原。海水时常侵入与退出。直到2.8亿年前,海水才彻底从这里退出。

到了2.1亿年前后，决定了整个中国地形地势地貌的燕山运动开始，而在1.4亿年至6500万年之间，为我们完成了北京地区的乾坤再造。在剧烈的地壳运动中，不断发生地层大断裂，频发的地震与火山爆发，使北方的这块准平原发生了掀天揭地的大变化，有的断陷为盆地，有的升起为高山，大小断裂带为江河形成了新的河道，河流的溶蚀力与深度切割力，又造就了大山中无数的大小峡谷，从而形成了今日的山川地貌。那是一个真正的开天辟地再创世纪的年代，青白口穹窿的大山可以做证那场变迁的剧烈与伟大。

这些大山本来自海底形成巨厚的地层后，都是熨熨帖帖之一层层围着地核平铺的，可是在这场造山运动中，它们在剧烈的地壳板块运动中，被底部蓬勃向上喷涌的张力与板块间冲撞形成的对冲力冲击，活生生地一块块地揭起，并分别直竖起来。这是一种多么可怕的力量？笔者从法城桥下的永定河边，搬回了一块30厘米长10余厘米厚的角砾岩河石，便有20多公斤重，那么一座大山有多重呢？不但从地壳中被揭起，而且被立了起来，大自然的力量真是太伟大了！

笔者所细观的十余座青白口大山，从它们表面上清晰可见的节理间可以看到，它们的结构是老地层的重新排列，但并非平铺原装地整体升起，而是被竖了起来。有的笔直，那是坚挺部分；有的扭曲成各种形态，那是软弱部分；有的则是一团破碎石的扭结，那是密度不够大，原子构成太松散。但就是泥岩、砂岩，那也是石头啊，就是土山那也是山啊！在我们眼中最壮伟的高山、最坚硬的石头，在地母的手中不过就像是面案上的面团；在大自然造物之力的雕刀下，就像一段黄杨木而已。看得真是令人骇然。

幸亏6500万年前，这地球之上还没有人类祖先的诞生。而并非杞人忧山的是，这些山体已太古老了，也许已开始了又一次夷平期，也许还会有一次掀天揭地式的重整河山。这似乎也不全然是造物主的事，现代人类对大自然的破坏能力，远超过了大自然对自己造物毁灭的周期，但哪个又会就此罢手呢？

醒来吧，伟大而渺小、高贵而卑微的人类；醒来吧，聪明而愚蠢得不止不休的人类。

一、青白口村景观组图

门头沟雁翅镇青白口村党支部

青白口村东断壁墙

村东河滩果园与滩涂荒地

第四集 『青白口纪』：首都的骄傲与平西河山14亿年的『创世纪』

二、奇特的拱顶古窑屋与岩层组图

窑屋所在小丘东部与北部断面都是色彩斑斓的片麻岩石，不同色彩都是石中氧化铁等金属分子与岩下水沟侵蚀、风化的结果

窑屋的东山窗

窑屋西望狗牙状短背斜山峰

屋后山谷间一座出露地表的片麻岩小丘

烧烤色的片麻岩

红灰色的片麻岩

三、青白口村永定河谷景观组图

永定河漫水桥与铁路桥

永定河桥北水面

永定河桥北巨大的洪积石群

四、清水河清白口段河谷景观组图

青白口村西部几公里外清水河段

河边足有一人多高的巨石

河边大山

清水河南岸109国道路基大堤

五、清白口穹窿景观与岩层组图

雁翅镇大山穹窿景观

青白口村西部 109 国道路南侧岩层断面

典型的褶皱弯曲岩层

极类火山六棱石的柱状节理

山体的片状结构

六、109国道清白口段最美峰岩组图

白峰：板岩峰

有如国画般的板岩峰石

红山：山体红色由石头中的氧化铁氧化为三氧化二铁形成，白色由碳酸盐成分风化形成

粉碎的红石证明山体的红色并非表层风化色

路南五峰之西的双峰，左向是去法城景区的路口

黑色山体，类似海螺峰

路北的片状山岩与柱状节理

路北的大面积片理岩

路北的斜向节理岩层

第五集　北京的石头会唱歌

——寻拍 10 亿年前的十渡山石与京西溶洞小谈北京"石文化"

夫昔者，君子比德于玉焉。温润而泽，仁也；缜密以栗，知也；廉而不刿，义也；垂之如队，礼也；叩之其声清越以长，其终诎然，乐也；瑕不掩瑜，瑜不掩瑕，忠也；孚尹旁达，信也；气如白虹，天也；精神见于山川，地也；圭璋特达，德也；天下莫不贵者，道也。

——《礼记·聘义》

有一个美丽的传说，精美的石头会唱歌。

它能给勇敢者以智慧，也能给善良者以欢乐。

只要你懂得它的珍贵呀啊，山高那个路远也能获得。

——歌词题记《木鱼石的传说》

昆山玉碎凤凰叫，芙蓉泣露香兰笑。

十二门前融冷光，二十三丝动紫皇。

女娲炼石补天处，石破天惊逗秋雨。

——〔唐〕李贺《李凭箜篌引》集句

北京地区，是一个奇石荟萃的世界，几乎无石不有。不但由这里的岩溶、熔岩、火山、冰川、海相、湖盆、断陷等地貌与燕山运动等自然雕刀，切磋琢磨冲淘雕镂了各种奇石，还有故宫的国家地位，把全国古代千余万平方公里土地上最美的石头，都虹吸入京，更有一个房山世界地质博物馆，把世界各地的一些奇石，也展示于京西。

最古老的北京山石应属门头沟区沿河城西北永定河大峡谷西侧狮子沟深处的碾台村，那是群山环抱的一峰台地，已有 16 亿年的陆地历史；

其次为于后来从海洋升为陆地的平谷区京东大峡谷中的三羊古火山,虽升陆时间远不及碾台,但却展示出了已有18亿年历史的太古代生成的山石,实为难得。而品种最为丰赡的,还是要数地处大房山西南太行北首的十渡景区。仅七渡孤山寨周环山中的各种奇石景观,不用刻意去搜寻,只要一路向前走,便令你目不暇接,堪称一座露天奇石自然博物馆。拒马河中游在十渡区穿山而过,切割润泽出一派江南景色,素有"小桂林"之称。在桂林顺漓江而过,虽灰山碧水无其可比,但绝对见不到十渡内那么多奇石场景。

这里不但有丰富的露天奇石景观,还有著名的溶洞群深隐于山中地下,笔者并未去观瞻,因为已见了上方山云水洞世界第三、亚洲第一的山顶溶洞钟乳石柱等宏大的景观;还有大石河中段河北镇南的石花洞,那是一座属负地形的地下钟乳石宫殿,与云水洞"倒反天干"地深入大山底下140多米,看得令人神迷目眩。都是旷世奇观,绝不亚于江南的溶洞。由此亦可知十渡溶洞群自别有一番迷人的景象。没见过,不想妄谈。

石花洞钟乳石景观

十渡因其喀斯特地貌构造的奇特山石景观,而被纳入了房山世界地质公园景区,这正是笔者要来此处采风的原因。而先此纯属偶然遇到了房山世界地质公园博物馆。那还是在两年前去长沟镇坟庄寻找唐代卢龙节度使墓地时，发现路西斜对过就是这座博物馆，便进去参观，真是大开眼界。这是一座由联合国教科文组织正式授牌的，我国首座世界级的历史博物馆。其中的展品以展示地球、生物、人类的发展史为主线。尤其是展出的各种代表地球演化与构成的奇石，更让人深切地感受到大自然不可思议的造化之功与创造之伟力。我们可以在图片中共赏奇观。而且正是在这儿知道了十渡景区被纳入了房山世界地质公园。

北京十渡景区在京西南房山与河北涞水县接界处的拒马河上，距北京百余公里。在房山区张坊镇、十渡镇与涞水三坡镇一线的拒马河段，有17个古渡口；在张坊镇与十渡镇之间的河段上有10个渡口。这也许是"十渡"的由来吧。

应该是去年秋季大山里柿子树上挂红果了的时候吧，慕名去了一次十渡景区。但只是到了七渡景区，因为笔者所去之处，都是写作需要必去之处。人这一生千万别有太强的目的。一旦目标太明确，便会失去许多美好。出北京过良乡，沿京周路是一路拥塞啊。过了周口店上了周张路好走一些，渐入盘山道。路虽有几段险峻处，但十分好走，路况好。北京地区的山路路况是没得比的，不管怎样曲折蜿蜒，但路面既平且宽，也自然无险可言。途中经过上方山森林公园、云居寺两个著名风景区后，便到了张坊镇。由周张路向西北转入017县道，可直达十渡镇。过张坊镇不远，便是一渡，越向前走，便越是感受到了太行山的味道。到了三、四渡，河、路两侧的大山，便有了壁立千仞入云插天的气概。清一色的水平沉积岩层层叠叠，像是一条条枯水期裸露的水位线，又像是盘古开天辟地时，用他那把神斧横劈竖剁过的整齐断壁。很奇特的是，这里的大山都没有燕山中常见的向斜背斜褶皱岩层，很像是一层层的水平叠垒。听说三渡有个穆柯寨，便停车小驻，拍了些山光水色。

拒马河三渡金秋山水

路边小摊上摆着各种秋瓜,村子里到处晾晒着玉米、高粱穗。见到这种秋收气象,对于农民出身的笔者真是很亲切。询问了三渡的穆柯寨所在便去寻找。虽然明知是穿凿附丽,而且穆柯寨本身就是民间文学的创造,也还是登山去寻找一番。文学力量的恒久,真是不可蔑视。只见了一个破败的亭架子,但也终算了却一个心愿。下一个目标便是七渡了。一路的悬崖峭壁,点染着墨绿色的树木植被,高耸在拒马河的两岸。山水、绿植与乌云翻滚的天空,构成了一幅幅绝美的山水画,还真有桂林山水的味道。

七渡的山光水色,似乎更为瑰丽。深蓝色的河水,从大峡谷中流过,波光潋滟,河面上横悬一道铁索桥,山影索影人影倒映水中,河面上不时有竹筏划过,很有一点天门中断楚江开,千寻铁索横波来的诗情画意。

过了铁索桥,看了看现代补建的孤山寨城门楼,便开始登山。这里的山、石绝对称得上一绝。一座座山体如塔似柱又重峦叠嶂,形成一面面巨大触天的石雕屏风。而要翻山则先要在大峡谷的长长河床中走过。山谷间的溪水,从布满奇石的河床罅隙中流过,汇入山外的拒马河。河床上的"石中石"有如人工铺就,又像是无比巨大的恐龙蛋,镶嵌在冷凝的灰色岩浆中。还见到了一块奇特的蜂窝石。各种奇石数不胜数,布满了大峡谷的河道及两侧,呈现出种种奇特的肌理。而且还有一段完全自然图案化了的河床岩,在多种颜色交替的边缘线中,会看到各种近似动物的"图案"。还有一些地质学上称为布丁构造的巨型岩石、岩壁,深颜色的硅质条带横夹在白云岩中,被挤压成节状,而被形象地称为"石香肠"。作为一个学科中的命名,真的不怎么雅。

蜂窝石

有一段关于"千古河床"的标牌界说上称:"岩石暴露在地表后,在大自然的雕琢下,一些较软的岩石逐渐风化消失,而那些比较坚硬又没有裂隙的岩石则得以保留。"这段文字说明了这里奇特河床的形成原因。而事实上这里的河床怪石嶙峋与断层叠岩,离不开山体内外水蚀化合与河流千万年锲而不舍的深度切割冲淘之功。这也是造成黄土高原水土流蚀的"侵蚀沟"的威力与溶蚀原理在山谷间交互发挥作用的结果。水滴石穿,虽信非虚言,但石头被水镂穿,大多是因了溶岩性的石头中,有可溶性的化学成分。这也是喀斯特地貌中山体结构的一个基本特征。

原始河谷中的天然海墁石，是谓千古河床

走过大峡谷中长长的"千古河床"，开始登山。爬上一段很陡的人工石阶后，是一座宋朝政兴寺的遗址，寺已无存，只余一址而已。向上爬过一段十分陡峭的山路后，便来到了著名的"一线天"。名副其实啊！一株千年古藤垂挂在一线天的缝口，好像是要收买路钱。一线天也就是能容一两个人通过的一道山缝。顶部狭窄处也只能筛下一缕阳光来。两壁垂直如劈如切，因而便有沉香劈山救母处之富丽。

过了一线天后便开始下山，又是一路的悬崖峭壁、奇峰怪石。下得山来天色已晚，各景点已开始关闭，只能在路边随见随拍了。遗憾的是那处完全石阶式的山谷瀑布不能溯流而上了。而难得在路边一见"九龙抱石"的一株黄檀，是一个在北京很难得一见的树种。更难得的是，在出口不远处得见了路边的露天石展。这里有1.4亿年前形成的风暴岩，10亿至16亿年前后元古海洋沉积物形成的白云岩，这里的白云岩地层竟然深达千余米，以至白云岩成为此地的主要地表岩景观。而一路所见的那些都已经有了10余亿年历史的峰林景观，则都与这种白云岩的构成有关。白云岩是一种色彩多样化、结构多样化的岩石，它的构成有晶炫结构、残余结构、碎屑结构、生物结构，因而一旦成为地表石便千姿百态。

而要命的是它属于碳酸盐类岩石。不仅内部结构孔隙大,而且具有可溶性。因而,我们可以断定,这里一定还会有更为奇伟美丽的山石景观出现。但这个漫长的周期也许是千年、万年、亿年。

九龙抱石,北方罕见的黄檀古木

望着路边那一排排色彩、肌理、纹脉奇特、形态各异的巨石,我仿佛看到了一架巨大的石头编钟的组合,这是一件不扣自鸣的自然历史编钟,每一个都是自然史的一首歌。而且北京地区的地貌十分复杂,既有以石灰石为主的各种形态的喀斯特地貌,又有以红色岩石砾岩为主的丹霞地貌景观。京西上方山云水洞的钟乳石,可以击打出乐曲来;京北桑干河大峡谷的山石色彩斑斓美不胜收,称得上是地貌学上的千古奇观。

雨果称巴黎圣母院,是一支由石头构成的凝动的音乐。那么,真正称得起由石头构成凝动的音乐的,在七渡,在上方山云水洞,在房山,在燕山,在桑干河大峡谷,在北京。

京周山区地质地貌的多样性，不但给北京带来了各种矿业的财富，而且打造了不少关于石头的产业：其一，建材用石，举凡汉白玉、大理石、花岗岩、板材石、片石、红石、石灰石、玄武岩，为北京成就了建材石产业；其二，各类大型观赏石，如北太湖石、火山石、大青石、硅化石、巨卵石蛋，为园林建设提供了各种饰材与独立景观用材；其三，小型观赏石，则为北京提供了既具有商业价值，又具有文化韵味的特殊"石业"。只平谷一地就有几百家观赏石店，在京东、京北、京西，随便走走，即使是乡村小镇，也常常会看到一些奇石店。

建材石业完全受市场支配，观赏石业自然也受市场支配，但却有另外一只"看不见的手"在支配：中国传统石文化的历史再现。尤其是北京，自古便是北方的政治、学术、文化中心，因而具有悠久的传统石文化：以石为雅，以石为美，这固然离不开中国传统石文化的历史影响。尤其辽、金、元、明、清几代，北京变成了国家的政治中心与副中心，科举与仕途令全国的士子文人渐次向北京集中；全国的优秀匠人，随着各朝建都的需要，也陆续北迁冀北，因而便使北京地区的石文化相当发达，石雕、石刻、浮雕、摩崖书法、造像，遍及古典建筑、塔龛古桥、城乡寺院、大山崖壁，蔚成京华一种不凡气象。关于山石的诗书画作更是无以计数。

千层石：应是布丁结构地层，奇特的是在岩层中部形成一道石头"水流"

中国石文化的历史太悠久了。有人说"人类的历史应从石头写起"（张瑞琴语）并不为过。人类之所以能从动物界中分离为现代人，有两个不可或缺的条件。其一，劳动。而人类使用的第一种工具便是石器，因而考古学历史分期的第一个时代便是石器时代，周口店古人类遗址出土的文化充分证明了这一点。其二，用火。除了自然火之外，人类的燧石取火也是一重要的火源，直到近现代，许多乡村的农夫、猎人都随身带着火石，就是能碰出火花的"化石"（石英石）。还要有一块称为火镰的铁块，铁、石之下放上棉绒或易燃的干柴草，便可取火。干吗呢？抽烟方便，也为了方便于山野间烧东西吃。民国年间的奉系大军阀张宗昌便戏说过"忽见天上一火镰，好像玉皇要抽烟"。解放前后吸烟的老人都爱在缠腰的大布带上拴一根烟袋，挂一个烟口袋，烟口袋上又挂有火石、火镰、引火的纸捻子等物事。笔者孩提时代在农村还见过。而最早的古人类则大概是以两石磕撞而取火的吧。

对于古人类的钻木取火，似乎无人不知，但对于燧石取火似乎早已退出现代人的视野。事实上燧石取火的历史比钻木取火的应用，次第流延得更为久长，所以发明用火的族人也许由此而被称为"燧人氏"的吧。而打磨应用石器与以石取火则是人类进化历程中至关重要的事，所以毛泽东主席生前讲过的"人猿相揖别，只几个石头磨过"，也许正是此义吧？周口店的考古已证明了"北京人"在几十万年前便已开始用火，而对于石器的使用则有更多的文物见证。这应该是北京最早的"石文化"了。我们的"北京人"先祖是很伟大的，欧洲神话中盗取天火的普罗米修斯不是被称为人类的文化英雄吗？

石头的文化意义，更早的或许是古人类最原始宗教形态——自然宗教拜物，其中便有对山石的图腾崇拜。西方的古人类学家认为古人坐在大石头上滑下来，便以为石头发怒了，马上对石头叩拜；现代大文豪卡莱尔也讲述，人类对石头、星星的崇拜也具有意义，可见对山石的崇拜是古人类的一种共有现象。人类的亲石行为与亲土、亲水行为当具有同等的意义，似乎更为亲近、崇拜，甚至认为石头具有生殖意义。西南欧的古人要把女人的处女童贞，首献给石偶神像的生殖器。中国的古人也有对山石凹凸景观的生殖崇拜意识，甚至认为石头本身也具有生殖功能，而且具有不可战胜的强大生命力。《西游记》中对此有精彩的文学叙事：孙悟空的母亲便是东胜神洲花果山上，自开天辟地以来的一块仙石，受日月精华，裂产石卵，见风而化石猴。其生产力之强大，不但神刀鬼斧难坏其金刚之身，就是太上老君的八卦仙炉也炼不化这块石头，耗尽了49天的三昧真火，却白送了他一副火眼金睛。而更古老的传说，则是"禹生于石""石破北方而生启"——说大禹是石头生的；大禹的妻子怀孕，化为石头，石头迸裂而夏朝的君主夏启出生。这些神话传说所传达的都是古人类蒙昧初开时，对石头的原始宗教崇拜现象的反映。

当人类进化到理性时代，对石头的认识、应用便升华为一种理性的意识形态等级。首先是从对石头的崇拜迷信，上升到赋予其美学、礼学的意义：认为玉石能辟邪保身，玉石是一种高雅之美，象征着正人君子，并把它与兰草作为饰物佩在身上，这从《楚辞》中可以见证西周时代爱石已成为高雅的时尚；进而成为诸侯、士子间交往的礼物，甚至成为祭神祖的礼器、祭物。这在《春秋》《左传》与先秦文献中处处可见。而《淮南子》则把医巫闾山所产的宝玉称为"东方之美"。那么古人对玉石为何如此看重而一直到今日仍视为珍宝呢？除了它自身具有诸多美好令人赏心悦目的品相、品质外，还被世人渐渐赋予了一种人性化的德行。孔子讲"君子比德于玉"，说玉有11种美德，便是对这种现象的一种大成界说。大成至圣先师如此说，帝王诸侯、文人士子交相推赏，便一代代使玉石身价倍增，肇开了民族文人石文化的历史先河。

那么，玉是什么呢？玉不过仍是石头。"玉乃石之美也。"也不过同样只是"几块石头磨过""切过"。《诗经·卫风·淇奥》称："有匪君子，如切如磋，如琢如磨。"治骨称"切"，治象牙称"磋"，治玉称"琢"，治石称"磨"，可见石头与宝玉、象牙、珍贵的骨器是比肩而立平分秋色的。而且石头应为宝玉之母——所有的玉都是原生石的变质品种，都是火成岩浆石在高温高压与化学作用下渐次结晶的变种。比如"宝石之王"钻石的母石便是金刚石。再如鸡血石，不过是火山石的第三代次生品：火山岩形成后分解为颗粒细小的黏土矿，被称为地开石、高岭石；随后有地壳中红色的硫化汞液体渐次渗入，便成为鸡血石。这都是宝石，再说玉。四大名玉中的蓝田玉则由方解石、叶蛇纹石构成。它的主要成分方解石，同样是产生于石灰岩矿的变质石。和田玉也同样是大理岩与中酸性岩浆接触后形成的变质石，主要成分则是透闪石。所以，无论宝石、宝玉，都是石头，都是各种原石的变质石。就如同朱元璋虽贵为九五之尊，但他仍不过是一农民的儿子一样，并没什么神秘之处。虽然不可同日而语，但玉就是石头。

即使是石头，似也无可菲薄之处。中国人应该是这个世界上最懂、最重石头的一个族群。古人为石头还赋予过许多人格化的优秀品格，成为一种硬汉、沉稳、坚定的品格象征。如坚如磐石；宁为玉碎，不为瓦全；坚如金石等。清代的赵尔丰以石喻人称："石体坚贞，不以柔媚悦人。孤高介节，君子也，吾将以为师。石性沉静，不随波逐流，然叩之温润纯粹，良士也，吾乐与为友。"宋代的米芾见石则称兄叩拜，黄鹤楼下便有此状石雕。而唐代白居易论石则称：虽"石无文、无声、无臭、无味"，而"三山五岳，百洞千壑，覼缕簇缩，尽在其中"。不独古人如此，今人也仍萧规曹随于这一传统指喻。笔者爱看 NBA 篮球赛，马刺队的邓肯在赛场上除了眼球转动，面部的 42 块表情肌几乎很少见到有所牵动。无论手顺还是运乖，输赢成败，皆喜怒不形于色，一切只见诸贼亮的两个眼球而已。不管什么情势下，不急不躁不放手，沉稳如山。加之体形高大，所以便被世人称为"石佛"。

西方大学者康德称高山为崇高之美；中国则以高山喻人品高尚，司马迁在为孔子作传时，引《诗经》中的"高山仰止，景行行止"来赞美他，并说自己"虽不能至，然心向往之"。可见世人对高山的崇拜。

那么高山又是什么呢？

石头堆。古人称"土高有石，曰山"。《论语》称山"有石而高"。《春秋元命苞》则称"山者，气之苞，所以含精藏云，故触石而出"。由此可见，石头不仅为宝玉之母，也是高山之母。正如《说文解字》所称："凡石之属，皆从石。"

那么，石头又是什么呢？

古人称"土之精为石。石，气之核也"。就是认为石头生于土，凝聚着阴阳二气,"石,阴中之阳,阳中之阴,阴精补阳,故山含石"。

具有理性思维的人类,在判断事物、认定事实上有了很大的科学性,但很难有周延的定义。再强大的理性也难以逃脱个人感情色彩的涂抹、渗入,无论褒贬都会如此,因而便有晕轮效应的发生。因而对于山、石、玉的认识、评价与市场价格,都与其本质有很大的背离。

数年来,当自己面对各种山峰、丘峦时,最直观的感觉是一种高拔、宏大、压倒的气势;而一旦走进大山深处,便发现虽然尚未具现代地质概念的古人,对山的理解真是透彻,所有的山,都不过是土、石的堆砌、联合叠垒。石头是世人心中最坚硬之物,因与钢铁合称金石,但当我面对大山断面上挤压带的岩层时,发现许多岩石在地壳运动中,就如同面案厨师手中的面团,如古人手中的书卷,不仅可以被任意翻卷扭曲为各种形态,而且许多都以"粉碎性骨折"为前提,看得让人惊心动魄。面对那些泥岩、泥土砂石混合岩层时,所见就是一建筑垃圾场,但因其高大也称山。面对那些砾石岩层山体时,则更惊叹于地层的压力与温度,竟然令不同质地的石块变成了一块无法啃动的"压缩饼干"。走进钟乳石岩洞、各类奇石"店铺",面对山石的各种层理、节理及面理上的各种图案式的肌理时,只有讶叹大自然造物之伟力与精巧的功夫了。而面对那些硬度在石头王国中位居侍郎次长,排名第二位的花岗岩时,不能不叹道:原来都是砂粒子的集合。

悬石:白云岩地层的剪切风化

而面对北海公园、颐和园、故宫、太庙、中山公园等大小园林中的太湖石假山，独立成景的巨大观赏石时，则自然想到了海陵王建金中都时，去开封拆毁艮岳御园的往事；想起了宋徽宗建艮岳园时的"花石纲"，给民间造成的种种苦难。至今已被移砌在北海公园白塔山北坡的太湖石山中，仍可见那个时代的"血光石"。那红色注定不是血，大概是鸡血石同类的"鸡血"汞的渗入，但却是另一种血泪的诉说。而见到那些被涂上油漆切割琢磨雕镂成各种形态的工艺石，便觉得那是一种暴殄天物，有了珠光宝气，但哪还有一点自然的气息？这些珍贵、神奇的自然造物一旦进入玩家手中，就成了玩物；一旦进入购石场，便成了赌筹；一旦进入市场，便与羊肉串儿、狗肉汤没什么本质不同了。君看随阳雁，各有稻粱谋；萝卜白菜，各有所爱。也许正为此，才有这大千世界的气象万千、丰富多彩吧。每个人都有自己喜欢或不喜欢的权利，这是不可剥夺的。凡是存在未必都是合理的，但所有的存在，注定都有其缘起之因。

我喜看的只是山石的原生态，所以在寻访采风于京畿群山中，拍得最美的图片就是这些。我喜欢山石的各种纹理，哪怕是寸方、粒石，也足见高山大壑的本来面目，也是对自然造物由来的一种揭橥，更足以唤起自己对踏过的地方的种种记忆。所以，每到一地，都要顺路、顺手带回大大小小的一块石头。无意玩石，无本赌石，更无心藏石，但一不小心，便在室内顺手堆积起百十来块大大小小的山石。大的有40厘米×20厘米×15厘米之巨，重达10余公斤，是从门头沟青白口西的清水河深深的河滩中选中，用肩膀扛着走了几百米，又爬了十几米高的大陡坡带回来的。小的只有指甲盖儿大，是夫人从九龙山白龙沟的冰山漂砾上用手抠下来的。都说夫妻是对头，儿女是冤家。夫妇间能有相同的爱好，也很难得。

斗室之中聚百石，虽无比德于玉之感，却令人领悟到许多人生真谛。高山之高，自须广积厚垒，却少不得时势之先定。潜火山在爆发中半途而废，便成了"侵入岩"，胜者王侯败者寇千古定理，人不是为失败而来这世界的，尽管有失败为成功之母之说。山脉的制高点多为分水岭，它最可悲的命运不是高处不胜寒，而是最终一定因分水，而被二水夹击淘空贯穿为河道。这就是一座座孤立的古湖终变成贯通的河流的缘由。钟乳石教人的法门，则是一种永恒的耐力，尽管每年只增生一点点，但亿千万年后自成"顶天立地"的伟丈夫，不停止，不气馁，不急功，不放弃。如同大仲马《基督山伯爵》用百万字教人以"等待"；如诺贝尔文学奖得主创造进化论创始人柏格森的"糖水理论"教人如何喝到甜水。那些宝石、宝玉教人的则是，若要出人头地不被埋没得以登堂入室，就必须改变自己。所有的宝玉都是变质岩。就像唐玄奘在成佛前一定要去冥河中脱胎换骨抛却旧躯壳一样。但不能像帝王之家、资本家后代变得一代不如一代，山叫驴变蚂蚱就没意思了。而砾石则教会领导者、企业家怎样把群体团队打造成一个坚不可摧的命运共同体。必须有足够大又不至粉碎，恰到好处的压力；还要有温度，有黏合剂，就成了……凡此种种不一而足，每一块石头，都会给你不同的启迪。石头的生生之理，真是深不可测。

　　这种"顺手牵石"的最大好处是，不需资本，不伤心劳神，不沉人于水，而每一块石头都会唤起你对大自然各种的美好记忆，使你足不出户，便可领略到大自然不同的风采、魔力。望着从山东济南背回来的黄河石，便如同见到了黄河的波涛；望着从老龙头、贝壳岛上拾回来的石头，便如同临风远眺一望无垠的渤海洪波涌起；望着从长城岭上山间背回来的石头，就如同置身于绝顶之上一览烟云浩渺中的京北长城……在这些石头的不言中，却听得见它们不同的历史诉说；听得见松涛阵阵、鸟语欢唱、山泉轻歌；望着这些不动的山石，却有着心生净土、意骋草原、思翔碧落、志满青山、情流大河的诸般享受，令人感奋，催人自新。不也远胜市场钩心、官场斗角、情场滥觞、职场煎熬吗？且用不着去青灯黄卷、晨钟暮鼓地假虔诚。

　　石不可玩，不可赌，不可亵，也无须藏，但石值得喜，值得爱，值得赏。在它的原子中所充盈的乃是天地之浩气、河山之隽永、自然之神韵。且清风明月不用买，何乐而不为？人言大自然是人类精神疗伤最好的良药，那么，走近山石也便走近了大自然。而自诩伟大的人类，原本便是自然之子啊！

一、房山十渡景区山光水色组图

青山云水拒马河

三渡的穆柯寨，已有名而无景可观，总该有座穆桂英造像才是

穆柯寨对面的大山，山体清晰的海相沉积岩层理线讲述着这里的前世今生

六渡的山光水色

六渡河口塞上漓江风韵

七渡孤山寨遗址

喀斯特地貌中奇特的丹霞地貌景观　　　　　山亭飞瀑

六渡与七渡大山深处的海螺峰与宏大的断壁

一线天北入口的险峻与千年古藤横锁

小孤峰断壁间十几亿年前形成的海底岩层出露后的风化岩

景区出口处布满一条山谷的天然石阶流瀑

二、六渡山峡河谷奇石组图

六渡景区入口处的鱼鳞石径

河谷底的石中石

奇特的白云岩

千古河床

白云岩层理（下部）与节理（上部）

六渡的白云岩地层深达千余米，地层运动的粉碎与水蚀、水流切割形成的巨大块石

不规则形石中石，也称爪形石中石，是由火山岩包溶的花岗岩捕掳体

地层褶皱中的一个褶曲或为褶皱中的核心，也是一种剪裂型石香肠构造

石香肠，巨大的白云岩地层段块

龟纹石

路边陈列的海底风暴石

三、房山世界地质公园博物馆奇石展组图

房山世界地质公园博物馆,左边是凯旋门

博物馆入口处

赤铁矿石(河北)

内锌矿石(湖南)

方解石(广西)

 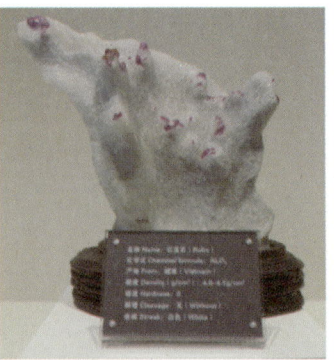 

碧玺石（四川）　　　　红宝石（越南）　　　　孔雀石（广东）

连生黄铁矿石（云南）

文石（云南）　　　　　　　祖母绿（缅甸）

萤石(江西)

尚未命名的矿石
(内蒙古)

各类矿石图标

四、房山石花洞地下溶洞博物馆钟乳石组图

洞口西侧山谷口依山半亭中粗陋的古代石佛摩崖造像

钟乳石景观：上下层间的通道

钟乳石景观（一）

钟乳石景观（二）

钟乳石景观（三）

钟乳石景观（四）

钟乳石景观（五）

全国首次发现的月奶石莲花景观

水中的月奶石莲花

石花洞山门

五、北京石刻艺术博物馆五塔寺石刻组图

北京石刻艺术博物馆：动物园北面的五塔寺

北面观五塔

五塔第一层造像与浮雕艺术

须弥座上的护法天尊与纹饰

须弥座上的护法天尊与纹饰

券门边饰拱顶佛祖大护法神,金翅鸟王大鹏,传说佛祖为灵蛇化身,曾被孔雀所吞,惧怕鸟类,因以鸟王为护法神

塔门左侧须弥座狮座浮雕

塔门右侧须弥座狮座浮雕与上下莲花瓣纹饰

塔门拱饰佛兽大象

出土的清代石享堂，高两米余，长三米余，汉白玉仿木石雕，康熙年间显亲王的墓葬品，雕刻极精细，铺面之上为歇山顶，庙状

晏公祠石殿，来自海淀区四季青镇万安山下的明代儒教祠庙，为晏姓太监所建

晏公祠石殿侧龙马河图线刻像与文字

晏公祠石殿侧的乌龟洛书线刻像与文字

寺中调集了众多高大的古代石碑，本图为清朝大将也是乾隆的小舅子傅恒宗祠碑座，碑身高达数米，遍刻龙纹图案

神道石翁仲造像一

奇特的宗人府颁恩碑

也许是天下唯一如此宽博的石碑，本院寺庙重修碑

寺院内被清朝皇家奉为神鸟的乌鸦

松间乌鸦

第五集　北京的石头会唱歌

- 95 -

第六集　10亿年前京北海洋与陆地的分界线

——尚义县红土梁镇大青山森林公园天路采风纪行

> 上帝在创造了海洋后，指着海岸对它说：你的疆界就在这里，到此止步吧。《创世记》如是说。
>
> 10亿年前，上帝用他手中曾划定地球之圆的尺规，又在京西北的尚义县到京东辽西的北票间，画了一条直线。也许用力太重了，这条线震裂为一条横亘东西天限南北的巨大鸿沟，断裂带之北成了陆地，之南则沉降为海底，这里便成了元古时代京北陆地与海洋的分界线。
>
> ——题　记

高岸为谷，深谷为陵；沧海桑田，东海扬尘。在人类已知的世界中，没有什么是永恒的，只有永恒的改变，诚如卢克莱修在《物性论》中所言：大自然这个造物主永远在把原存物质物体的联合解散，把这些元素重新组合用来建造他物。当我们行进在京北的万山丛中，欣赏赞叹那一脉脉高耸横陈的大山时，谁又会想到那里曾经是一片恣肆无边的汪洋大海呢？张养浩讲"峰峦如聚，波涛如怒"，他哪里知道这峰峦山谷原本是大海波峰浪谷的一种演化呢！

知道尚义县是元古时代划定京北海陆分界线的那条断裂带的西端起点，但还是第一次踏入尚义的土地，去寻找红土梁那片青山碧草丹霞地貌。据说这里重开了一条草原天路，命名为大青山森林公园。而这片土地又极富红壤，按广义的丹霞地貌界说，这里自是一朵漂泊在草原上的丹霞了。青山、草原、丹霞红土梁，再加一条天路，够诱人的了。但我却是为了寻找那脉被称为卧龙石的高原奇石而踏入这片土地的，很想看看亿万年前的海岸线上留下的景观。

红土梁距北京虽有 300 公里之遥,但交通十分便利,出京北居庸关沿 G6 国道一路的怀来、宣化、万全,到郭磊庄收费站向右转,进入 401 县道一路向北,进入洗马林镇,出万全县便进入尚义县地界,终于从当年的海洋中飘到了陆地上。经甲石河乡南店、小蒜沟镇,便来到了红土梁镇。路况十分平整宽敞,但适逢 401 县道全线升级改造,重型车、小车不断线,一车一团沙尘狂飙席天卷地而来,可真是东海扬尘了,真受不了也得受。好在县里真是人性化,时不时有水车来洒水洗尘可以让人透透气。

进了红土梁镇名不虚传,路边真有一道纯粹的紫红色大土梁子,周围的丘谷间处处透出一抹抹的红色地层。直到回程进入内蒙古兴和县界,仍有红土层红土沟出现。

红土梁镇的红土梁

出红土梁镇西北,沿 401 县道西行数里,便有"大青山森林公园"的指示牌出现,向前再行几百米进入路南的公路南行不远,便是永胜地村,由此便进入尚义县红土梁的草原天路了。这条天路在 401 县道南,沿长条沟村、黄土梁、二道背村、青山村、大碱洼、四道背等画了一个 10 余公里的长弧,在坝头村西又回到了 401 县道。在二道背村西南有山名大青山，其北则有青山村，这就是公园命名的由来吧，而非内蒙古的大青山。虽非鱼目混珠，亦大有借此招徕之功。但称森林公园尚远不及义，山坡沟谷间虽有不少的林木，但主体仍是亚高山草甸，一派大坎上的草原风光。草甸草原的面积之广阔远非百花山、东灵山、黄草梁可比。站在高处极目远眺，整个的一片高大丘原地貌，典型的台地特征，尽管丘谷间高下起伏海拔多在千米之上，不失其高大，但没有突兀独出的高山，整体大观之全然一派漫圆弧线的无限连续组合，一望无际而无略障目之处。这里足以让人知道遥远有多远，辽阔有多阔，高原有多高有多美，足以让你驻足不前。

园区内虽没有诸多景点，但笔者追寻的目标十分明确，就是来找那片卧龙石，便沿着天路一路不停地西行。但为高原景色所惑还是不断停车驻足观览、拍照。首先令人震撼的是入口处不远的长条沟西南的那一排并列组合的侵蚀沟群，足有十来条巨大的侵蚀沟并肩排列在路南沟顶的大山原上。虽无以与陕西黄土高原的深沟大壑相比，但仍足够壮观，自有一派高原草甸气势。这些侵蚀沟十分坦白大方，且无比残忍地把高原的胸膛撕开让你看，看它的黄土、红壤，看它的五腑六脏，看它的切割手段。而且那片高原的命运已被它注定要淘蚀为一道大沟谷。而它的肌体元素不知有多少会被水流一程程送归到它曾经诞生的大海底。返回原点的周流循环，也许是万物存在的一个法则吧。见死亡、毁灭、衰败都无须伤感，这就是我们无法规避的世界法则。赵朴初先生在云南观看石林时，曾感慨地写下过这样的诗句："高山为谷谷为陵，三亿年前海底行。"古人虽以"高岸为谷，深谷为陵"来感叹礼崩乐坏，小人得志，遗贤在野，但在自然界的运行中却是无以改变的法则。我们目之所见的一切存在，包括我们自身，都如同树上的一朵小花，旋开旋落。只要开出自己的色彩也就够了，千万别去奢望什么永远。

时值5月天，但高原的物候要比平原晚许多，满山原的大草地上仍是在一片黄草连天的统治下。只在一片无边的苍黄中，秀出些微新生的绿意，尽管有些小花已开放，但远不到高山草甸赏花的季节，山坡上仍是深深的黄草在覆盖着。正在山坡上拍照时,倏地在草丛中探出一只鸡头来。

嗝，一只雄雉在延颈张望，只按了一下快门，它便神化般钻入草丛不见了。这些野鸡大概在草丛山坎上有洞穴吧。真是一个生命力强大的物种，在山野、草地中到处都能听到它暗哑撕裂般的叫声，看到它们漂亮的身影。

大青山森林公园建设了不少的景点，但沿路只看了长条沟南的大侵蚀沟群，四望高原山川草甸大势，到了蛤蟆石观景台，看了那里令人陶醉的山林植被，便直寻卧龙石去了。那条路大起大落还真称得起天路，且路况相当好。奔行了大约10公里后终于在路东的坡顶上见到了那排卧龙石。

称其为卧龙石实在有点大题小做了啊，那哪里是块石头啊？应该称卧龙峰才对。那是一座整体的峰脊，经过亿万年的风化，在峰脊上形成鲜明的层理节理，犹如数组巨石的组合，高几十米，长约200米，虎踞龙盘于海拔1700余米的高山草甸坡顶，俯视着西部坝下的无边川原。也许这里已处于尚义坝上的西坝头吧，在坝下川原丘陵一落千丈的凹陷反衬下，愈显雄伟奇峻，在京周的高山草甸中绝无仅有。很想登顶远眺高原，但山风太大，而且气温骤降，冻得人受不了，哪还敢去登顶？高处不胜寒，信非虚言。

卧龙石终得一见，但遗憾的是没去大青山。据史载，这座大青山也很有名，战国称梁渠山，东汉称弹汗山，东晋称东木根山、七宝山，元代称大南山。因此山终年青灰色，便被命名为大青山。这里曾是匈奴故地，匈奴西迁后，鲜卑人占领了此地。新中国成立后，于此地建了众多防空洞，保存完好。山顶建有停机坪。

从卧龙石下来北行，尚义县城就在西北山脚下。但急于返程，没有进城，沿兴巴高速上G6回京了。回望夕阳下的尚义坝上山原愈显美丽，若在夏秋间来观赏，自有另一番更加美奂的景色可流连。红土梁、大青山、尚义之南，这片当年海洋留下的丰赡遗产，多想坐在那峰卧龙石山顶，望着天上的星星，谛听一次你的子夜诉说，诉说着这里亿万年来的故事。中国人的"得陇复望蜀"，马斯洛的需要增长论，也许共同揭橥了人类的一种天性吧。正是靠了这种天性的驱动，在这世界上不知道发生了多少罪恶与祸患；也正是在这种驱动下，不知缔造了多少文明与财富。

红土梁镇西部的亚高山草甸高原台地地貌与宏大的侵蚀沟景观

横空出世的卧龙峰景观

第六集　10亿年前京北海洋与陆地的分界线

一、洗马林古城景观组图

河北万全洗马林镇界门牌楼

洗马林镇最著名的是玉皇阁,时值维修不得见真容

玉皇阁门前被搁置的石狮子

古城北门城墙

南城门匾额题字迎恩门

南门外古寺遗址

城西坝上山顶长城，由内蒙古兴和界过洗马林至张北南长城线，控扼张家口宣化和北京通往尚义、内蒙古的要道，所以洗马林古城是明代万全卫下属的军城（所城），也是交通南北东西的大商阜

古寺山门门楣间的雕饰

古城西门外的玉米地，远处便是著名的坝上，洗马林正属于坝下平川

古城西门外杨树林大道通往西山

上个世纪七十年代洗马林生产大队兴修水利拦河造田工程竣工所立的纪念墩，书法相当漂亮

人民公社时代留下的墙画

古城内的街市

洗马林人：作者王海燕与古镇美妇张女士

洗马林人：老人的面部表情与气色足证一方的苦乐贫富，洗马林人有福了

二、尚义县与万全县交界的坝上景观与长城组图

张家口过洗马林通往尚义、内蒙的交通要道 401 县道正在扩建中

地处尚义、万全县界上的长城烽台

401 路西古长城单边墙遗址

尚义境内的勿乱沟石桥

尚义境内的高原地貌与亚高山草甸景观（一）

尚义境内的高原地貌与亚高山草甸景观（二）

尚义境内的高原地貌与亚高山草甸景观（三）

尚义境内的高原地貌与亚高山草甸景观（四）

三、红土梁镇与亚高山草甸地貌组图

红土梁镇西部的亚高山草甸高原台地地貌与宏大的侵蚀沟景观（一）

红土梁镇西部的亚高山草甸高原台地地貌与宏大的侵蚀沟景观（二）

红土梁镇西部的亚高山草甸高原台地地貌与宏大的侵蚀沟景观（三）

山鸡像幽灵一样出没，转眼间便不见踪影

红土梁镇西部的亚高山草甸高原台地地貌与宏大的侵蚀沟景观，谁会想到这些草地、高原、台地10亿年前都是海底呢

亚高山草甸上五月间还是黄草占据着统治地位，草深处可及腰

四、尚义县大青山旅游区草原天路组图

尚义县大青山森林公园景观，最远处的山脉大概是尚义的大青山

针叶林与椴树林

卧龙峰北面景观

尚义坝上高原西部遍布碎裂块石的大山

内蒙古兴和县内丹拉高速两侧的地貌景观（一）

内蒙古兴和县内丹拉高速两侧的地貌景观（二）

内蒙古兴和县内丹拉高速两侧的地貌景观（三）

内蒙古兴和县内丹拉高速两侧的地貌景观（四）

西部坝下东观尚义坝上台地

宣化西南的鸡鸣山夕照景观。从卧龙峰到鸡鸣山一路的山原都是10亿年前海底地层出露后的风化造物,它们都是从古海中先后走来

第七集　元古岩溶高原：西北京畿 8 亿年前的山原地貌

——寻拍京西北地层大断裂带遗存景观小谈永定古河"过五关"进北京的艰难历程

莫言下岭便无难，赚得行人错喜欢。
正入万山圈子里，一山放出一山拦。
　　　　　　——〔宋〕杨万里《过松源晨炊漆公店》（其五）

居庸之南桑干水，派发昆仑伏地底。
百泉涌出浑源城，直下天津疾于矢。
千山夹流折复通，疏凿惟凭造化功。
飞空浊浪倾三峡，跨岸长桥亘两虹。
轰轰白日走雷霆，一泻明珠十万斛。
　　　　　　——明代临淮侯李言恭等五臣陪驾明神宗 1588 年登京西
　　　　　　石景山视临永定河（桑干）时奉命所赋
　　　　　　《圣驾幸浑河召问水势敕河臣修筑堤岸恭纪》长诗集句

　　北京不愧为天然的地质博物馆。只是几百里方圆的首都圈中，不知包藏了多少种地层地貌与地质现象，能拥有房山、延庆两处由联合国通过的世界地质公园，并获得一处国际认同的"青白口纪"地质纪年命名，似也自然。

　　岩溶高原本多形成于我国大西南，但在京西沿河城断裂带以外，竟然生成过一片"元古代岩溶高原"。

　　元古代是地球地质年代的第二期，第一期称为太古代。元古代指 24 亿年前后至 5.7 亿年前后这一段地质时期，也有说是 18 亿至 6 亿年间的。

而北京地区西北部的元古代岩溶高原的形成，大约在8亿年前后，这一时期北京地区仍是海洋时代，只有部分陆地岩层浮出海面。到5亿年前，北京乃至华北地区大多浮出海面，抬升为高原，而不是现在这个南低至海拔十几米、几十米，北高至一二千米的样子。只是在2亿年前的燕山运动以来的地层大断裂，使这块几乎被自然力夷平为准平原后，又发生强烈的地层大断裂，北部西北部仍保留了高原的地貌，但已不再平坦，改变为深山大谷；而大断裂带以东以南则发生深达2000余米的大沉陷，才成了今天这个样子。尽管5亿年前从海底抬升为高原的这些海相地层也称岩层，但似乎多不具备岩石的资质，都以黏土质的石灰岩为主，很难生长植物，因有石漠化之称。

门头沟清水镇西部张家庄一带地层景观

那么岩溶高原的"岩溶"又是何义呢？岩溶是指地表岩层、岩石可以被地表水、地下水化学溶解而形成的一种地貌。这种山体被溶蚀的雕刀镂刻得千疮百孔，同时造就了形态万方的奇峰怪石，乃至各种洞穴。从沿河城向北部的大山峡中走去，遍地都是这种地貌。因为其从海洋中升起时，是与内蒙古、山西高原等高连体的大高原。后来地层发生大断裂，从门头沟的清水镇、齐家庄乡西北，至昌平南口西部的几十公里形成大断裂带。断裂带的东南部发生大断陷，变成了盆地、丘陵、台地、平原；而断裂带西北则仍为高原或有所抬升，因而便被命名为元古代岩溶高原。过了沿河城，沿永定河一路北行，那种典型的喀斯特地貌，真是令人骇然中有一种洪荒之感，那里也许便是对"石漠化"最好的注解。尽管那上面亿万年的风化已有些许壤土，也能见到些微绿色，但仍给人以穷山、荒山的感觉，很少见到行人与村庄，路边只有幽州村的存在，才给这条大山峡增添了几许生机。

还有那条永定河。有水就有生命，沿河两岸与山间对比，便是另一片世界。当年的永定河当是相当宏阔，明神宗在1588年秋，与五大臣登京西石景山视察永定河时，命五大臣各赋一诗。那些诗中对永定河的描写，可以为证。

今日之永定河，无论是走在京津平原上，还是行进于京西北的万山围子里，已都无复得见明神宗时代那种"飞空浊浪倾三峡""一泻明珠十万斛"的气象。尽管诗文本以夸张为本色，奉皇命赋诗的臣子怎敢胡说哪？若是让这位当年的临淮侯李言恭，站在今日的永定河前，是绝对写不出如此诗句来的。而且无论是明神宗还是康熙帝见此状，断不会再为它的肆虐发愁了——没水了。

尽管今日京西大山中的永定河已是奄奄一息，但那条大峡谷却处处永证着它从雁北高原千里进京之不易。只是从朱官屯、官厅水库南端至卢沟桥这100余公里的途程，它便用了不知多少个千年万年的时间，冲破五道大山的壁垒，才有了真正意义上的永定河的出现。

它的第一道几不可逾越的壁垒，便是官厅南25公里左右的幽州村一带的大山。凡是从沿河城沿公路北过幽州村的人，都绝不会忘记：到了村前，无论山形地势路基，都为之陡然一变，路基从平地一下子抬高到了山腰上，这河谷也只剩下河了，根本就没了谷。水两边便是直接夹河而立的峭壁、大山。

为什么变化这么大呢？250万年前，这里河东河西的大山，原本是一道连体封闭的分水岭。岭北的叫北坡河，岭南的叫南坡河（都是后人的称谓）。北坡河水向北流，南坡河水向南流，而哪里有什么永定河啊。

北坡河也就流入了山阴的怀来古湖，南坡河便流到了沿河城南一带，但也都到此为止。那时河流可能很少，都是火山、地震、地壳大断裂形成的"堰塞湖"，这里形成了南河北河便很不错了。

沿河城至幽州村大峡谷永定河两岸的喀斯特地貌与岩层

那么这两条河怎样汇流一体了呢？河流史上最不可思议的便是所有的分水岭，必然一个个都变成河谷。就如同地壳运动中向上拱起的背斜部分，终将变成山谷；而一头向下扎去的向斜部分，却注定要成为山峰一样。河流源头水流的特性是向上切割溶蚀淘冲，正由于这一特性，幽州村口的这道分水岭便遭遇到了两面夹攻的命运，终于被掏开了一个大口子，南北河融为一体。那么，水流自身的切割淘蚀的力量就有这么大吗？当然有水源改变、侵入与火山、地震、地层大断裂的诸多影响力在同时作用。

永定河必须攻破的第二道关垒便是沿河城一带的封闭式大山。幽州村的南北河汇流后，也就流到沿河城一带，便被"一山放出一山拦"了。仍不过是一条同样被"堰塞"的死河。而沿河城东南大山中的水流也都是各自为战的状况。但这次有地壳运动的帮忙。不知何年何月，以沿河城、向阳口村为核心地带的一次地壳大断裂爆发了。这条断裂带有多大呢？

从西部涞水县的岭南台开始，自西南向东北大断裂，直达昌平南口镇的禾子涧村一带，长达60余公里，宽达10公里，在向阳口村一带形成了深达2000余米的大沉降，以至形成了沿河城、向阳口西南近的东岭盆地。这是一次真正的山崩地裂，以至地质学上把这次大断裂后的断裂带以北之地命名为"元古代岩溶高原"。既称之为元古代，那么最晚近也在5亿年前。对周围群山的影响可想而知，永定河上游便有了自然的预留出口。

大峡谷中的永定河

第三道关垒则是雁翅镇青白口一带的大山，由田庄至斋堂镇的大断裂帮助解决了；第四道关垒是王平镇一带的大山，由妙峰山至大台沟的大断裂帮助解决了；第五道关垒则是京边三家店（村）以北香峪梁与以西九龙山的联袂封锁，由两山之间的大断裂帮助解决了，生生在两山间震出一个大裂缝，这条历尽磨劫的永定河，才汇桑干、洋河、妫水三河之水，收容了沿途无数的大小支流、山溪，在250万年前才得以浩浩荡荡冲出100公里大峡谷的夹持，走出大山，进了北京平原、华北平原，由天津流入大海。

好累啊，永定河，辛苦了。

上述"五关"的克服，并非全是大断裂的功劳，不能由此否定河流自己的切割溶解能力，更不能由此而否定地壳运动的造物之功。但这"五关"克服的先后时间顺序，笔者并没搞清，只是自北向南按方位顺序道来。永定河只有300万年的历史，而那些大断裂的发生，可能多在2亿年至6500多万年前的燕山运动抑或更早；在3000万年以来发生的喜马拉雅运动之间。而正是这两大地壳运动中在京西发生的大断裂，还有永定河300万年的溶蚀、侧蚀、深度切割淘冲作用，才为我们打造了上百公里京西大峡谷奇丽的景观，与两岸的人民共同打造了永定河文化与丰富多彩的物质文明。

一、北京妙峰山断裂带今日地层景观组图

妙峰山地层：主要指妙峰山、九龙山、香峪梁断裂形成的地貌，主要在海淀区、门头沟、昌平西南部。本图为金顶妙峰山南的仰山地貌。山坡建筑为栖隐寺

凤凰岭地貌：凤凰岭在妙峰山北二十多公里外，这里的山体完全是妙峰山的山体在大断裂中，被整体推覆过来的，所以基本上是震裂的巨石堆山

主峰南观妙峰山群山

凤凰岭北区山石

凤凰岭南区峰顶的泥岩峰

妙峰山东部阳台山鹫峰

凤凰岭西北部飞来石，峰岭上到处都是飞来石纵横

阳台山东部山石

阳台山下京郊突起的山丘

阳台山东部北京近郊显龙山是座小山，滦州起义纪念园所在，山虽很小但奇石百出

盘山道九龙路下的门头沟源头

门头沟之沟是这样的

九龙山主峰下马蹄窝风化红色岩石断面

第七集　元古岩溶高原：西北京畿8亿年前的山原地貌

显龙山奇石（一）

显龙山奇石（二）

显龙山奇石岩臼

二、京北田庄南口断裂带岩溶地貌岩层景观组图

京北南口村北的山石

南口村西北人工剥毁的山石断面

$\dfrac{1 \;|\; 2}{\;|\; 3}$

1. 居庸关下20公里大关沟中的大神木古银杏树
2. 怀来官厅水库南岸大古城村北的黄土地层断面
3. 大古城村南龙宝山村西的天漠大沙丘与南部的军都山

1 | 2
　 | 3

1. 石峡村西山坡上的白头翁盛开
2. 石峡村北喀斯特山岩
3. 石峡村西部的陈家堡村山地

陈家堡长城著名的圆楼子

昌平流村镇南的北齐岭地貌

黄土洼地貌岩层（一）

第七集　元古岩溶高原：西北京畿8亿年前的山原地貌

1. 黄土洼地貌岩层（二）
2. 长峪城山岩层理
3. 长峪城泥岩峰岭

三、门头沟沿河城大断裂西南段岩溶地貌岩层景观组图

龙门涧岩层景观（一）

龙门涧岩层景观（二）

黄草梁南燕家台地层景观

黄草梁南坡东南大峡谷山岩景观

黄草梁南坡东南大峡谷

黄草梁南坡登山口路北岩层景观

沿河城通往黄草梁北入口的沿黄路山石岩层景观

沿黄路石墙

黄草梁南坡路北断崖土石混合结构层理节理

黄草梁北部亚高山草甸地层景观（一）

黄草梁北部亚高山草甸地层景观（二）

黄草梁北部亚高山草甸地层景观（三）

第七集 元古岩溶高原：西北京畿8亿年前的山原地貌

门头沟清水镇西部张家庄一带地层景观

通往东灵山主峰栈道旁的侵蚀沟

东灵山顶出露的潜火山玄武岩峰堆与漫山遍野的桦树林

东灵山主峰下的玄武岩堆

斋堂镇爨底下村西的一线天土崖

斋堂镇通往爨底下路边的黄土崖

第七集 元古岩溶高原：西北京畿8亿年前的山原地貌

四、京西北沿河城至幽州村岩溶地貌岩层景观组图

沿河城村北永定河南岸的紫色火成岩巨石

沿河城至幽州村大峡谷永定河两岸的喀斯特地貌与岩层

大峡谷中的永定河

沿河城至幽州村大峡谷中段的喀斯特地貌与岩层（一）

沿河城至幽州村大峡谷中段的喀斯特地貌与岩层（二）

沿河城至幽州村大峡谷中段的喀斯特地貌与岩层（三）

第七集 元古岩溶高原：西北京畿8亿年前的山原地貌

五、京北怀来官厅山峡及其东部岩溶地貌岩层景观组图

汇集桑干河、三洋河、妫水河的官厅水库，建在官厅山峡的峡口

从官厅水库南流经幽州村的永定河两岸地层（一）

从官厅水库南流经幽州村的永定河两岸地层（二）

沿河城大断裂以北，官厅山峡以东的怀来庙港村山区岩层

庙港村南山区地貌岩层

庙港村南长城狼牙垛

第七集　元古岩溶高原：西北京畿 8 亿年前的山原地貌

— 135 —

六、京西北宣化南桑干河段岩溶地貌岩层景观组图

涿鹿桑干河段南部矾山镇龙王塘村蚩尤寨千年枯木黄土地貌景观

涿鹿桑干河段南部矾山镇龙王塘村蚩尤寨黄土地貌景观（一）

涿鹿桑干河段南部矾山镇龙王塘村蚩尤寨黄土地貌景观（二）

宣化西南阳原县东部泥河湾小长梁岩溶山原中的盆地景观，桑干河畔的古湖底

泥河湾小长梁古人类文化遗址的岩溶地貌景观

第七集　元古岩溶高原：西北京畿8亿年前的山原地貌

山西东北部与冀西北、内蒙古接界的天镇县北部白羊村环翠山大土地峰

古村至今仍保留着当年古堡的遗址,几十步一座敌台的古堡遗址仍不减当年雄风

村中弃屋仍保留着古村的气息

村东南的谷地

谷地上盛开的狼毒花遍地，证明着这里土地沙化的严重

村东南河滩东面的明长城单边墙

古村西的大山、长城残墙与谷地上的白杨树

大土地峰东南长城墙头上十余米高的大树，证明着残墙的余勇可贾

从山顶一直切割下来的巨大侵蚀沟

黄土台原的地层断面

一位老人在长城脚下的黄土地上孤独地耕耘着

一对老夫妇在耕种土地,孩子们都去城里了

老夫妇在栽土豆

在京北采风的另一个感受是:京北、京东、京西驴多,所以遍地驴肉火烧,这也是山区条件使然;到草原区域就看不到驴了,都是马牛羊

第七集 元古岩溶高原:西北京畿8亿年前的山原地貌

第八集　穹窿：地质运动对石头与高山的本真诠释

——从下苇甸到爨底下寻拍穹窿地貌景观流水篇

上邪！我欲与君相知，长命无绝衰。
山无陵，江水为竭；冬雷震震，夏雨雪，
天地合，乃敢与君绝！

——汉乐府《上邪》

巨石亭亭缺啮多，悬知千古也消磨。
人间正觅擎天柱，无奈风吹雨打何。

——〔宋〕辛弃疾《游武夷》（其七）

千锤万凿出深山，烈火焚烧若等闲。
粉骨碎身浑不怕，要留清白在人间。

——〔明〕于谦《石灰吟》

　　在世人眼中，山是最高大的，石头是最坚硬的，甚至在古人眼中是具有神性的，成为人类图腾文化中的崇拜物。直到现代社会，人们仍用山来歌颂伟大崇高，歌颂永恒；用石头歌颂坚贞不屈、坚定不移。尤其在诗人那里，便有了许多象征意义。

　　《诗经》中便有"高山仰止，景行行止"之句，司马迁在赞慕孔子时，不但引用此句，还续写道："虽不能至，然心向往之。余读孔氏书，想见其为人。"显然在司马迁这里，高山则象征着至高无上。汉乐府《上邪》中的"山无陵，江水为竭"，是把山的毁灭与江河枯竭，看成了不可能发生的事，在这里是一种永恒不变的象征。唐人白居易的一首《青石》长诗，称赞蓝田山石不愿为人做墓前神道碑，不愿做官家的德政碑，只想为忠义爱国、死难不屈的烈士来做忠烈碑,来彰显烈士的"义心如石屹不转,死节如石确不移"。在宋人辛弃疾那里,石头则成了无奈消磨岁月的自身写照。在明代于谦那里,石头则成为清白的象征。在清人曹雪芹那里,石头则成了遁世潇洒的代词:"爱此一拳石,玲珑出自然。溯源应太古,堕世又何年?有志归完璞,无才去补天。不求邀众赏,潇洒做顽仙。"

诗人们对山、石的赞美咏叹,由来自非一朝;画师们对山、石的摹写,又何止万千!更可追溯至神话传说女娲炼石补天,显然古人认为天是青石板砌成的,是以有天塌地陷之说。

夸张、引喻自是诗界的本色,万千意象也是人类想象力的自然。因为诗歌允许杜撰,而任何想象都不负有法律责任与科学的非难。唯地质学对山对石给出的定义是最真实的。

山的地质学定义无非是地壳褶皱的抬高,世界屋脊喜马拉雅山也不过如此。而石头的定义便更有意思了:从大岩体上脱落的小岩体。硬度最强的金刚石不过是一种碳元素组成的矿物;次强的花岗岩也不过是一种岩浆在地表以下的凝结生成;而许多海相沉积岩,不过是沙、土、泥、腐殖物在物理化学作用力下的集合质变。

下苇甸村口大山岩层

当我们认真地去直观岩石、山体的时候，似乎这些所有传统的象征、概念、定义都顷刻瓦解。那些石头怎么一块块有的像是掺了葱花、肉丁的皮冻啊？或者像一块布满枣豆的年糕、一个什锦拼盘、一块混凝土啊？那山上怎么就是沙土石灰啊？一层层的，大的像胶合板，小的像千层饼啊？而且那些石层怎么会弯曲呢？平平的地层又怎么能生生被揭起，逆天违地地被倒竖在地上？纯纯粹粹的石头沟谷，怎么会被水切割成深沟大壑或大峡谷呢？这是一种什么力量使然？休谈天地有大美而不言，还是改成天地有神力而不言吧。

不管人类的想象力怎样发达，我们无法想象出大自然造物的力量有多大。但我们应知道这力量来自地球的核心，外层的地壳不论怎样巨厚坚硬，都不是它的对手。就像那些镇守边关四裔的大将，尽管个个武艺高强，远胜坐在深宫龙椅上的天子，但天子只要发出一纸诏令，这些大将便可能会被流放、囚禁、杀头。无论是火山岩、沉积岩、海相地层、陆相地层、高大山原，在地球深处发动的各种运动中，都与厨师面案上的面粉、面团并没什么两样。花上点时间，到京西的大山中去转转，就一目了然。当然，你得去近看、细看，看它的岩石，看它的层理、节理，看它的构成，看它山脚下风化流泻的碎石砂堆与大沙坡……

尽管京西山峡去过不止一次，但都是走马观花。知道山有穹窿之说后，便又专门去寻找京西的三个穹窿。京西的三大穹窿，自上下苇甸到青白口再到爨底下，接近百公里。上下苇甸穹窿在距京城30余公里的妙峰山—大台沟断裂带上；青白口穹窿地处田庄—斋堂断裂带的中间段雁翅镇附近；爨底下穹窿则处平西最大的断裂带南口禾子涧—沿河城—齐家庄一线的中部东近处，在斋堂镇之西北，沿河城之西南。看来京西大山的形成，与燕山运动之前几亿年的大断裂仍然有很大的关系。

出京西过三家店、陈家庄进入大山口，从担礼村大桥处便开拍。担礼路隧道口处是个群山环抱处，很开阔，那些大山好像都是很平稳地从海底升起来的，虽没什么奇特之处，却座座高峻雄伟，很像是高大的城墙，在隧道口西围出一座庞大的军城，那隧口弄得城门似的，像极了。右面的大山似乎叫龙凤岭，偏西南处就是刻着妙峰山大字的山背面，那是镇的所在地，金顶妙峰山却在老远的大北面，还在上苇甸村的大北面。这些大山间的四向错位山环开合的围城构造，正处于妙峰山—大台沟、香峪梁—九龙山两条断裂带的中间，这也许正是它的其来有自。

沿109国道西行到了下苇甸的两座桥，北桥岔入010县道离开了永定河道一段，裁弯取直式地直奔安家庄归入109国道。南桥则到109国道一路南下，走了几个大蛇曲河湾，经由王平镇一带也由安家庄继续西行。

109国道山崖

下苇甸大桥的山光水色还是很可观的，两桥一横一顶，桥下河水如镜，照着十字路口的三面大山。本应去上苇甸看看，但查不到什么可看处，便在下苇甸拍了一些照片，那些大山座座可见断层面，尽管经历了多少次的上升、夷平、断陷、崛起的折磨，已经是满脸的迷茫沧桑，仍不失大山的雄伟气象，与大Ｓ弯永定河共同打造了大桥周边一片动人的山光水色。苇甸穹窿似也只见此，但并未终结。继续西行没多远，山路开始步步抬高，到了一个大转角处，转过山崖口向上爬到又一个转弯处路右有个可以停车的缓台，很像是观景台。向下俯看，还真是见到一片穹窿景象，一个牛胃弯形的小山村，背倚一座中心独山；河水在村前三面环流而过；四围群山层层叠叠为它竖起了一道道屏风。有凸有凹，有隆起有断陷，这不正是地质地貌学上描写的穹窿性状吗？这个小村子我先后拍了两次，但始终不知是何方神圣，皇帝女儿不愁嫁啊！河北的小村落都有一个特点，在村口立个大牌楼，或是立一个大石牌标上村名。这里虽不是村口，但在横贯东西的要道上，怎么不留下一个大名呢？回来后与夫人两个人在各种图上去"人肉"，由于这一带地形与道路的复杂交错，在卫星图上好不容易才认定这里原来是黄台村。总算为苇甸穹窿画了一个句号。

前行不远便由安家庄进入109国道驶入雁翅镇地界。到了雁翅镇火车站吃了顿早餐——茴香馅大包子和小米稀饭。吃了几口便出去拍照，天气真晴朗，群山压碧叠翠，满天杨花柳絮四月飞雪啊。过了火车站聚落，便是芹峪口安检站、下马岭、饮马鞍村一带。那一带大山的景色便迥然不同了。这里已跨过自西南的百花山、髽髻山、清水尖，一路东北直到妙峰山这条连脊的向斜大山脉，走近了田庄——斋堂镇断裂带的核心地段雁翅镇地界了。一座座高高崛起的马鞍形、双重馒头阵式的大山，典型的背斜地貌山势；还有一片片裸露的大山岩，把海相沉积岩的断层赤裸裸地告白于天下：10亿年前我从海底走来。而那些被倒栽葱般插入地下的节理柱地层顶着山帽崛起，却给人一种怒发冲冠的感觉。

车过雁翅镇政府所在的付家台西行不远，便到了地质学上著名的青白口村，这里既是"青白口纪"的命名地，也是平西青白口穹窿的所在地。小村庄坐落于路北河西、四围群山环抱足够开阔平坦的台地上。由北向南流过的永定河段与东西向丰沙线铁路的那座跨河渡谷接山桥，在四面青山围定的平谷中心画了一个十字形；从龙门涧斋堂川流来的清水河在大桥下汇入永定河。小村庄是那样平静安详地坐落在这片山光水色中。无论是怎样恶劣严酷的大山，总是给生民留下了许多美丽的宜人生存之地，造物无言却有情，天无绝人之路，信非虚言。青白口周边的大山、岩石那是真美呀。而且这里还是当年平西地区的一个抗日根据地，至今仍保留着一个陈列馆与秘密联络据点旧址。这里的山川之美，已有另文专述，不再赘笔。

青白口村永定河桥南大山群峰

在青白口周遭流连了足有三四小时,才启程奔向此行的终点——爨底下。

时间很紧张,斋堂镇与水库都没停。向西北岔入斋柏路后,在双石头村东南段的一排巨硕墙垒般的黄土岗前停了下来,在路北十分突兀地排列着很长的一段杂石、砾石与砂土混杂的断壁山体,准确地说那应该是一块抬升的断层台地,称不得山,应该是一个小断层错位升起的一段地层,断层面上还留有这些碎石杂土沉积的水波线,有如人类的夯筑层。此地正处于斋堂镇断裂与沿河城断裂的中间地带,有这种沉积层的断裂抬高极正常。但这都是猜度,地貌学的研究认为有这种砂砾杂石混土断面出现,至少可以证明那里有过地层升高的过程。

再向西北行,就是双石头村了,真是一个十分清雅幽静的小山村,没多少村舍,集中在一个短小山峡的中间,路西有一个雕楼式的建筑十分奇特,一块巨大的黄色独石,横卧在村口路西,上面有一小屋,转过黄石北面,有牌标注这里叫"石上屋",非庙非寺,只是不知何人何年所建的小屋,也没有祠主、神位,但人们都来此处上香。那块黄石有多大呢?上面建有奇特的坐南朝北三开间的房屋,还筑有石垒围墙仍绰绰有余,石西有石台阶循级登堂入室，实为一种奇观。对面以一排大青立石为山根的小山包上，也建有一座高高在上的青砖屋。这也许是"双石头"的来历吧。村中的建筑青堂瓦舍疏落有致，路东有一排类似古堡的高大围墙，十分整齐可观。村东大山顶是一片黄裸的平顶大高山，很像穹窿中心隆起的中心山。从青白口、斋堂镇一路走来，这里的村庄都有一种军事氛围，多有堡垒类的建筑，也许这里自古便是蒙古入侵的要道，加之近代以来的防匪、抗日等因素的影响和需要吧。

双石头村的石上屋

曾见过爨底下村的俯拍图片，便以为一定要从盘山道上居高而下。但从双石头村一路平铺直叙波澜不起地一直开到了村口，还以为走错了路。时间已是下午3点多，还有100公里山路要赶回北京，只能走马观花了。

这是一个不大不小的山村，难得的是清一色的明清古建筑，没有被新建筑所破坏。山脚下称为下村，清一色的石墙瓦顶卷棚檐，绝不亚于在景山所观皇城区内的四合院群落的屋顶景观。建在山腰上那部分称为上村，却是一座地道的连环古堡。在这么偏远的深山中，怎么会有如此豪华气派的山村呢？据说这里在明清年间出了几十名高官。古代的官吏乡土观念特别重，有了钱往往要在故乡置田产建门面以光宗耀祖，致仕也没有留在任职所在地的，都要叶落归根。所以这里既被称为"官村"，那就自然不同于一般的山村了。

村西大山

要看小山村的整体气势，还是要居高临下观之为好。在南山上看得最全，笔者只在村东登关帝庙那条山路上爬到了半山腰，山并不难爬，但没时间啊。许多人都用五行说、勘舆学来大谈特讲这里的风水好。这些说法根本就用不着，站在山上一看，小山村坐北一山，山后又有层山叠翠扶摇直上，东西南三面大山如屏而不禁锢封闭，山环相套错落有致而四通八达，整个村子所在的是一方平底小盆地，哪有这么好的地形，还讲什么风水？

这次来此，既不为风水好坏，也不为看村落有多古，主要还是探穹窿地貌，便到处寻裸露的山岩拍照。这里的地貌形态相当丰富，既有10亿年前的海相沉积岩，也有2亿年以来燕山运动留下的重整河山的痕迹。拍了四面的山峦、梯田后，又拍了村口、村东山路，村西北口的几处裸岩，在通往西北一线天的主路西侧有一条通往村西的岔道。岔道口的一棵老核桃树粗壮笔直，像是一个忠于职守的哨兵，挺立在路口。树后在山岩上飘来一瞥轻红，"无根草"三个字不假思索便浮现在脑海，笔者对此花特敏感。一种先叶而开,花、茎一色的绯红,很小但很美丽。

循着这条岔道向村西山口走去,迎面是一户倚山而立的养蜂人家。与养蜂人聊了几句便向南去看村西第一层山的山背。山顶一片葱绿中裸露出一排排雪白的白云岩,北面的一片有如连绵的城堡残垣各具形态;南边的两处却像是大山被割翻脂肪的伤口。而眼前山坡上一脉向上攀行的紫红色沉积岩,用镜头拉近后,美呆了。没见过如此精致美丽的肌理纹络。有如微风吹起海浪波纹的紫色砂岩层一层层向上叠压着,而且每一层紫红色的岩波边上,都镶着一条雪白的白云岩边饰,像是一道道飞卷激扬的浪花。这正是10亿至8亿年生成的海相沉积岩的一个特征。巉底下小山村只有500余年的历史,而这里的山岩却已有10亿、8亿、5亿年以上的高龄了。而山岭地势地貌形态在两次造山运动中的完成也有上亿年与3000万年的历史了。

太阳已经西下压山了,赶忙驱车去看一线天,在村西北通往柏峪台、柏峪村、黄土梁的主路上,离村口只有一两公里之遥吧。有一线天之形,而无一线天之夹峙,底部开阔得很,两壁渐次向上拱凑成一隙天门。倒很似一开天窗的天然大隧道,可数辆车并排通行,但顶部逼窄两面对倾,很有压迫感。据说这里原本是一条河道,深邃的河道与山峡的溶洞贯通后形成一个大山涧,深险不可通行,后来修路把深沟填平,才可以人车通行。这一点在一线天入口处路北的深涧足以证明。在"一线天"山峡中向西走过百十米的大穹窿后,天地洞开豁然晴朗。路北侧有标牌,山上有古道马蹄窝,

一线天西口

可见爨头。小山包不高，上面确有一条原生古道，那路径看得出来，但那马蹄窝若和王平镇落坡村牛角岭古道上的蹄窝比起来，便是小巫见大神了。

一线天山峡似乎便是明代的爨里安口，这里的大山涧在明代被填平，建了一座雄关，成为防止蒙古入侵的一夫当关之险隘。如今关址已一无所在。在关口路北的古道上，可见不远处高高在上的一座锅底形状的大山帽，突兀地挺出群山之上，这就是所谓的"爨头"，也就是龙脉山形的龙头，众峰之首吧。这个小山村又在它的东南山下，这也许便是"爨底下"的由来吧。而"爨"字就是烧火做饭的意思；厨师与做饭的主妇都古称爨人；兄弟分家立灶，也称分居异爨。如今的小山村更是名副其实了，几乎家家都是旅游餐点饭堂。

在爨底下游览的时间虽然很短，但还是看到了许多地质遗痕：村口路东的那片断崖是一片石灰岩，基部有一大片石灰岩与泥灰岩相间的青灰色斜纹，被称为"斑马石"，是5亿年前的沉积旋回地貌，是一种浅海沉积层上升为地表的胎记。在村东通往后山关帝庙的山路上，路侧山壁上全是紫红色的侵入岩——地下岩浆对古老地层的穿越后凝结。村西路北山壁上有一处断层裸露，可以看出岩层在地壳运动扭压力的压迫下造成的扭曲与破碎。在村西路南有一处10余米高的断壁裸岩，有着十分明晰的沉积层表现，本来是平铺在8亿年前海底的厚板状泥灰炭，巨厚的岩层在裸露中仍显现出它的厚重与力量，但却在地壳运动中像铅条一样弯曲，且呈45度角向上涌起，为我们形象而生动地彰显出地壳运动扭压力的不可抗拒。

如果说在下苇甸与青白口还很难看出穹窿的全貌，但在这里却十分明显。小山村背倚中心崛起的小山，小山四周是明显的断陷小盆地。盆底四围的卧虎山、金蟾望月梁、蝙蝠山、金龟山都环村而立，典型的穹窿山势。只是分配给这里的时间太短了，一切都来不及细观详察，好在自己不是地质工作者，既见其美奂与沧桑之所在，也当足矣。天底下的事本无尽无休，就是入不得厅堂，只望其门墙，也是一种收获吧。有妄言处，敬请识者教正见谅。

一、京西下苇甸穹窿地貌及黄台村景观组图

京西下苇甸村南大山

永定河大桥下苇甸村东山势景观

下苇甸村后大山

黄台村北大山

雁翅镇西南断壁

雁翅镇饮马鞍村村西大山断层

饮马鞍村西峰峦景观

饮马鞍村西大山地层断壁景观

二、雁翅镇青白口穹窿地层景观组图

雁翅镇青白口村东北波状连续向斜狗牙峰

青白口村西部几公里外的清水河北大山片岩节理

典型的喀斯特岩层

清水河边向斜大山的片岩台层

三、斋堂镇爨底下穿窿地层景观与著名古村景观组图

斋堂镇爨底下村口足有两米高的村牌石上刻着巨大的"爨"字

村南的山顶峰岩

村北的向斜山峰

村东北通往关帝庙山路旁的火成岩层

关帝庙山路口的山桃花与核桃花穗

村西南大山

村西南布满如房屋般巨大的白云岩块石的峰顶

罕见的波状层岩色彩十分美丽,结构天工难得

村路西段路北的褶曲岩层剖面,原始地层在地壳运动中,就像面案上的面团任厨子随意揉捏

1. 一线天侵蚀峡谷西峰古道与左上角的爨头，这里也许就是爨底下村的由来，今也称川底下
2. 爨底下底层的"下村"古宅景观
3. 村东口路西山体上的摩崖题字

一线天东口外峡谷上的巨岩断面

一线天西口的古洞寺庙

一线天中段仰观

爨底下台上的"上村"古建筑组图，上下村是连在一起的，只是地势不同而已

四、门头沟斋堂镇双石头村地貌与古村景观组图

双石头村北的地层山石景观

夕阳下的双石头古村，在纛底下南近三几里地的通道两边

双石头村古建筑（一）

双石头村古建筑（二）

双石头村古建筑（三）

第九集　喀斯特开凿的"幽燕奥室"与"亚洲第一擎天柱"

——寻拍上方山云水洞钟乳石与袁宗道生平

　　望海峰左，有大小摘星峰。大摘星峰极高。一老僧说，峰后有云水洞，甚奇邃。……予已上摘星岭，仰视峰顶，陡绝摩天……蛇行食顷，凡四五升降，乃达洞门。……度此则堆琼积玉，荡摇心魂，不复似人间矣。

〔明〕袁宗道《上方山四记》摘录
——题　记

　　去上方山国家森林公园，本想登山去寻那里的几株古木树王，顺便浏览一下 9 洞 12 峰 72 座茅庵寺院。虽心雄万夫，怎奈时、力两不济，也只能一见云水洞而已。

　　据说此山以奇峰、异洞、茅庵、古木取胜。此山虽不很高，主峰的海拔高度也只有 860 米，但以峰奇陡峻为胜。所谓"异洞"，便是此山有 9 个溶洞，其中以云水洞为 9 洞之首。明代的袁宗道来此游览，曾写下一篇《上方山四记》，其中第三记便是写那时的云水洞的，写得很精彩，现继前面题记所摘，续引如下，以期略窥当年溶洞之一斑：

　　入洞数丈，有一穴甚狭，若瓮口，同游虽至羸者，亦须头腰贴地，乃得入穴。至此始篝火，一望无际，方纵脚行。数十步，又忽闭塞。度此则堆琼积玉，荡摇心魂，不复似人间矣。有黄龙白龙悬壁上；又有大龙池，龙盘踞池畔，爪牙露张；卧佛、石狮、石烛皆逼真。石钟、鼓楼，层叠虚豁，宛然飞阁。僧取石左右击撞，或类钟声，或类鼓声。

突然起立者，名曰须弥，烛之不见顶。又有小雪山、大雪山，寒乳飞洒，四时若雪。其他形似之属，不可尽记。大抵皆石乳滴沥数千年积累所成。僮仆至此，皆惶惑大叫。予恐惊起龙神，亟呵止，不得，则令诵佛号。篝火垂尽，惆怅而返。

这段描述与题记所引，至少可以帮我们了解到，400多年前的上方山云水洞是个什么样子。洞前高峰称摘星峰，陡绝摩天。洞口通道狭窄，最瘦的人也得伏行趴过。且洞内须打着火把才可见物，但对于较高的钟乳石柱则难见其顶。洞中肯定十分惊险恐怖，乃至令年轻的书童吓得大叫。当年洞中有湖潭称"大龙池"。钟乳石柱又有须弥山、小雪山、大雪山之称，足见石柱之峻伟。

从北京出发，过周口店沿周张路一路向西南行进，距京城75公里左右便到了上方山。在山前东门处看景点分布状况又咨询工作人员，实在无暇把这里看遍，便放弃了东部景观，驱车去了西门看云水洞。好在有索道，既节省时间又省力。但在索道的封闭式斗厢中运行一段后，便渐

乘缆车上行时拍摄的地层山岩峰岭景观

如垂直升降，像是乘电梯，这哪里是索道啊？下面幽深的峡谷与奇峰峻岭叠踵联翩而至。索道不断上升、垂直，令我时时有坠崖之感，平生从未有过如此紧张恐惧，几乎让我崩溃。若是此时可以中途下来，我宁肯下去攀爬，也不坐这鬼索道。吓得在座位上一动不敢动，但又舍不得群峰奇观，还是挣扎着不断拍照。

终于到了山顶，进了这个有"地下宫殿""幽燕奥室"之称的云水洞。原本以为钟乳石溶洞是江南产物，北方的溶洞又有何可观之处？而且笔者又见过广东肇庆七星岩的钟乳石溶洞，云水洞还会超过那里吗？真的是想错了。

上方山的云水洞是我国长江以北最大的水平碳酸盐岩溶洞，南北走向，入口在南面。整个溶洞高踞于群峰之上。由一条140余米长的隧道式洞体通连7个相对独立的穴体组成，浑然一体，真像一座王宫中由长廊连通的7座大殿。学者们把这些洞穴称为"厅"。通过寒气逼人、沁水湿壁的百余米入口通道，便进入了巨大的钟乳石溶洞中。第一洞高58米，宽43米；第二洞高42米，宽32米；第三洞高39米，宽32米；第四洞高41米，宽30米。后三洞稍小，均在20米×15米左右。

云水洞中最称奇叫绝的是第二洞，其高大宽阔浑圆的穹窿顶，让人有置身于夜空之下的感觉，那不是洞顶，那是一通周天。洞中心一柱擎天接地，高达38米，比七星岩溶洞中的最高石笋还高出10余米。直径8米，基围周长达49米余。柱基处无数笋芽正在成长，一些倒塌的粗大柱体混杂其间。人们把这尊石笋柱体称为宝塔山，也许此柱便是明代所称的须弥山吧。这是我国溶洞中独立石笋最高的，在全世界也名列第三，因而又被称为亚洲第一擎天柱。该柱体敲击有声如铜钟，故又称石钟。而且有一排钟乳能击打出乐曲来。其实，这里的每一块石笋都是一首最美妙的乐章。还有第一洞，高达58米余的洞内，石笋造型奇特，有"二龙把门""卧虎石"奇观。这"二龙把门"也许就是袁宗道所称之黄白二龙，洞中的黑龙潭也许就是他所说的大龙池吧。

亚洲第一擎天柱的钟乳石柱　　　　　云水洞中的钟乳石景观

　　云水洞中钟乳石称得上鬼斧神工天造地设，再加上各色灯光的辉照，亦真如袁宗道所言之"不复似人间矣！"其美奂之形态无法一一描述，不惟袁宗道憾称"其他形似之属不可尽记"，就是现代文人来此，也会人人自叹笔拙了。还是用实拍的图片语言来描述吧。

　　那么这些高山绝顶之上的溶洞是怎么形成的呢？又是如何在洞中打造了那么奇异的景观呢？喀斯特。

　　上方山所有的奇异地理景观，都与此地的地表及地下的喀斯特地貌、山体特性有关。而且京周山区中的无限自然景观都由这个"喀斯特"打造。

　　喀斯特本是南斯拉夫西北一个半岛上的高原名称。因那里的地层主要由石灰岩构成，在那里的地表形成了一种典型的岩溶地貌，因而，地学界便以喀斯特来命名，称之为喀斯特地貌。

　　尽管喀斯特地貌有许多不同的类型，但它们共同的特点是由可溶性物质构成，或者说它的结构颗粒中有可溶性物质。如由石灰岩、碳酸盐岩、石膏岩等岩体构成的地貌便称喀斯特地貌。而一些由碎屑岩、土岩、火山岩构成的地貌则称为假喀斯特地貌。当那些可溶岩遇水分解流失，称之为侵蚀；遇到化学成分被溶解流失，称之为溶蚀。正是在侵蚀、溶蚀的双重作用下，这些岩石中的可溶性成分从原体中流失，而不可溶物质都留了下来。年深日久便形成了千姿百态的形状。这个世界上所有的山石奇观，包括挺拔的峰林、如刀如刃的石林，一峰突起独秀的棒槌峰、棒槌石、蜂窝石，各种奇石、天坑等种种奇观的形成，都是喀斯特的功劳。而在冰川、冰盖所覆盖处则另当别论。

上述所说都是地表喀斯特地貌景观。而地下喀斯特形态则是别有洞天。当山体内部可溶性物质相对集中，且又被山体中垂直流水侵蚀、化学溶蚀逐渐淘空后，便形成了称为溶洞的洞穴乃至地下河。

那么这些溶洞中的钟乳石又是怎样形成的呢？溶洞大多生成于石灰岩山地。早在6亿至4亿年间，这里的大海底便生成了厚达数百米的石灰岩层，随地层运动隆起为高山。石灰岩的主要成分是碳酸钙，当它受到山体中含有二氧化碳的垂直水流浸润时，便会产生化学反应，生成一种仍有很强可溶性的碳酸氢钙。当溶入了这种元素的水渗透到洞顶并下滴时，由于受到温度增热或压强突然变小时，这种物质又还原固化为碳酸钙附着于洞顶，因而我们见到的钟乳石都是从洞顶、洞壁下垂悬挂的；而滴落下来的溶液便固化在地面，并与洞顶的滴点相对应地向上增长。由顶部向下悬生的形态如钟似乳因称钟乳，由下向上增长的形状如笋似芽，因而称石笋、石芽，当二者上下增生到相接时，便形成了"顶天立地"的钟乳石柱。但这个过程是相当缓慢的，要有几万年、上亿年、数亿年才能形成天地相接的石柱。而且渗漏点因受外力影响，常常会改变位置和方向。

北京地区的西山、京北燕山多石灰岩、碳酸盐岩，因而出现那么多奇峰、怪石、峡谷也就不足为奇了。再加上冰川、火山与燕山东南麓丘陵地带由红色岩系构成的红石地貌，便使北京周边的山地自然景观，更为奇伟壮丽、丰富多彩了。

那么400多年前曾来此洞并为我们留下了一篇游记的袁宗道又是何许人也？

袁宗道，明代大文人。明代文坛"公安派"领袖人物"三袁"——袁氏三兄弟之一。1560年出生于湖北公安县一个书香门第。1600年去世于北京，终年41岁。在文学上既反对复古倒退，又倡导学习古文以达意为主的传统。曾任吴县县令，后辞官，致力于游历文学。1586年参加礼部会试名列第一；后入东宫为太子讲学，成为太子老师。去世后太子即位为光宗，追赠这位老师为礼部右侍郎。

此人一生，居官15年，为官"省交游，简应酬"；贵为太子之师而不贪不墨，"不枉取人一钱"，死后连丧葬费都凑不齐，实属旧官场中凤毛麟角类的人物。

一、房山区上方山景观组图

牌楼上标有"畿辅奇境"大字的云水洞景区,位于上方山景区的西部

乘缆车上行时拍摄的地层山岩峰岭景观(一)

乘缆车上行时拍摄的地层山岩峰岭景观(二)

乘缆车上行时拍摄的地层山岩峰岭景观(三)

乘缆车下行时拍摄的地层山岩峰岭景观（一）

乘缆车下行时拍摄的地层山岩峰岭景观（二）

乘缆车下行时拍摄的地层山岩峰岭景观（三）

乘缆车下行时拍摄的地层山岩峰岭景观（四）

乘缆车下行时拍摄的地层山岩峰岭景观（五）

上方山西部大山中供奉着观音金身的大悲庵

大悲庵西侧的古树与岩层

第九集　喀斯特开凿的『幽燕奥室』与『亚洲第一擎天柱』

- 171 -

二、云水洞钟乳石景观组图

云水洞洞门。云水洞与石花洞大不同的是,它在七八百米之上的绝顶,而石花洞则在大山下几百米深的负地层

通道壁间渗满水珠的摩崖佛像

云水洞中的钟乳石景观(一)

云水洞中的钟乳石景观（二）

云水洞中的钟乳石景观（三）

第九集　喀斯特开凿的『幽燕奥室』与『亚洲第一擎天柱』

- 173 -

第十集　丹霞地貌在京畿

——承德殊世独立的双塔山与磬锤峰采风纪行

>　　丹霞地貌，指厚层、产状平缓、节理发育、铁钙质混合胶结不匀的红色砂砾岩，在差异风化、重力崩塌、侵蚀、溶蚀等综合作用下形成的城堡状、宝塔状、针状、柱状、棒状、方山状或峰林状的地形，此类地形因广东韶关东北的丹霞山为此类典型地貌而得名。
>
> ——题记《地质辞典》

　　在中国地貌学上，有一种最为绚丽的地貌被称为丹霞地貌。其得此美名，一由广东韶关丹霞山最为典型的代表，一为此种地貌多为红色砂砾岩构成。其所形成的奇特景观则是这种地貌的判定标准。是以许多红色山石的地貌，若无此等奇特景观，也只能归入红层丘陵山地的范畴；而山石虽非红色，但具备了赤壁丹崖景观的其他色彩山岩也可以归入此地貌。

　　丹霞山没去过，但从图片上看，称其为丹霞并非徒有其名，其色彩足与烧天云霞比美。北京周边奇特的自然景观多为火山、冰山、海洋时代形成，被明确列入丹霞地貌的似乎只有承德，虽然那里景观的色彩并不很红艳，反不如桑干河大峡谷的崖岩山石明丽红艳，却几乎具备了丹霞地貌景观的所有形态与结构特征，称得上天下奇观。

　　夏日里去了承德避暑山庄，无所谓避暑就凉，而是为了去寻觅外八庙喇嘛寺中的土尔扈特部东归纪念碑，但对这座世界名胜之地借此机自得一番游观。一日行程匆匆，对附近殊世独立的棒槌山、双塔山两处著名景观，也只是遥观而已。尤其是双塔山，归程中行到双滦区时，已是日落久久，只能在山下广场上拍了一些剪影式的照片。怎么看都是两个戴瓜皮帽或道冠的人头，而且五官清晰，在夜色天幕下愈显神秘。也许正是这种依稀迷离的神秘感，让人愈想观其究竟。而且那些夜色下的图片也确实单调，不太好用，便在仲秋时节，又专程去了一次承德，去拍双塔山与棒槌山。

双塔山景区就在承德南郊双滦区的街路旁，与城区连为一体，在城区的东侧。因两座并排独立的柱峰上，各有一塔，因名双塔山。而棒槌山的正名为磬锤峰，是康熙给起的名，老百姓多称棒槌山，因为那个独立的柱形山峰很像妇人洗衣用的棒槌。此山在双塔山北，与避暑山庄平行，在山庄正东，离市区亦很近。

双塔山在避暑山庄西南10公里左右处，站在路边外观，除了两柱山体叹为奇观外，似乎只是一座几百米高的小山包，但这只是全豹之一小斑而已。乘索道上山后才见其洋洋大观。在塔下可以四观承德市周边的层峦叠嶂，尤其是东、南两面，处处是丹霞地貌所特有的各种奇特形态的峰岩。神龟拜塔、猿人石、棺材石、驼峰、哼哈二将、试剑石、鬼斧石、神工石……只是有所命名的景观便不一而足，至于远处没有命名的丹霞地貌特有的奇异形态景观满目皆是。

双塔山

索道中途便停留在双塔之下。这个双塔实际上是两个岩柱,一南一北并立于几百米高的山顶,岩柱本身如塔,柱顶又各有一塔,是名副其实的双塔。两柱高40余米,北柱柱周长达74米,比较粗壮;南柱周长34米。双柱笔直壁立不可攀登。北柱顶部的塔为三层四角,磨砖对缝,墙面青砖白缝,各檐角挂有风铃,显然已是全然翻修过的,塔顶还装有避雷针;南塔则只有两层半,砖色已现风化后的焦黄色,而且有七裂八瓣倾圮之态,亏有3道10余厘米厚的钢箍包着铁角钢的固定,否则一定会坍塌了。显然这些修固工作,应是在前些年搭建供游人登观的螺旋架时所进行的,后来此架在人们的抗议声中被拆除了。

两座古塔都很简陋,都是坐北朝南,南面开有券门佛龛,北塔龛内供有一尊黄衣佛像,南塔龛内供有一尊紫衣佛像。须到南山顶用镜头拉近才隐约可见佛形。北塔三层高约五六米,宽约3米;南塔两层半高约3米,似比北塔要宽。据考证,此塔大约为1300年前后,由契丹人所建。那么为什么要在这柱峰之顶建两座小塔呢?

中国的塔历来为寺院的附属建筑物。此塔之周或山脚下注定会有一寺院,但至今无所考证,只《承德府志》载称:"东塔之颠有古庙,不详何人所建,已就倾圮,旁有一小碑镌'王仙生'三字。"据传在1790年,乾隆命承德山庄守吏于塔周搭木梯登顶观视,北峰顶圆周仅106步,周长有140余米之地吧①;南峰顶只有62步周长。北峰顶建有一小屋,屋中一石几一香炉,石几供桌上供有一片刻有"王仙生"三字的石主牌位。香炉下有草鞋一双,石桌上有旧书一册。南峰顶辟有两畦韭菜,规范整齐有如园圃。此说见载于纪晓岚《阅微草堂笔记》。

另有传说乾隆帝当年也曾就梯登顶观塔,只见小屋、石几、香炉、草鞋、韭畦,翻了翻几上之书而不识其字,便很失望地下来了,并下令撤梯。回到避暑山庄的晚上,夜梦一白发长者对他说:"皇上怎么如此有眼无珠啊?那里的物事尽是仙物:书虽旧却是天书;草鞋虽破,却是登云靴;韭菜虽如野草,却棵棵尽是灵芝;香炉虽小,却是仙家的生云坛。你怎

---

① 古文称迈出一足为跬,迈出两足才称为一步;作为度量单位的"步"折现代尺度各代不一,大约一步等于今日的1.3米;也有说一步等于五尺的,但古尺只有22厘米左右。

么一样都不入目中啊?"乾隆这个懊悔啊,天一亮马上命人重搭云梯登顶,但这云梯却是怎么也没搭成。

这座双塔在下观之如此巍峨挺拔,但到你近前却令人心惊,直觉得它会随时倒掉。两柱峰看似独立,实质上如同根双干的古树,基座是连在一起的,只是在数米连基之上,才中空而两歧相分,足证此二柱原为一壁,中间的岩体被风化淘空而上分二柱独立凌空。那么山体也能被淘空吗?能,山与山是不同的。

最易形成山洞、蜂窝岩、奇特峰崖岩体的山脉,多是喀斯特与丹霞这两种地貌。前者以石灰岩与碳酸盐酸钙质为主体,后者以铁钙质砂砾岩为主体。这种山体既多可溶性物质,又质地松散,密度、硬度都很小。因而受到外部河水冲刷、河水浸蚀、山体内部垂直水渗溶与化学成分的分解,加之日、风、冷、热、冰雪的风化,甚至遭遇冰川冰盖的剥刮凌削,那些松散的具有可溶性的物质,便从山体上流失掉了,而那些可溶性物质较少的部分、结构密度大而坚实的部分,便暂时留存下来,自然形成了千姿百态的形体,如桥、如洞、如城、如堡、如柱、如槌、如墙、如林、如关、如门、如脊、如背、如鸟、如兽、如雕、如琢、如镂、如刻、如磨、如塑、如切、如割,真可以说是仪态万方无以尽述。万般美景奇观尽是大自然这把万能雕刀所造就而何来鬼斧神工?

在塔周观瞻真是心惊肉跳,这哪里是石头啊?那柱体就像一个灰堆模状,一层层都是碎石沙砾叠压相加,裸露的山体结构被风雨刮剥得清晰可见,一层层就如混凝土建筑剖面无二,都是细沙和碎石砾的组合,真让人大开眼界,对山和石有了一种微观世界的呈现,正所谓聚沙成塔,积土为山了,中国的词汇无一虚指啊!所有的山、石无非为土为沙为砾受挤压而成的一种结构,一旦浮出地壳,没有了外部重力的挤压与温度的左右,加之种种自然风化溶蚀元素的刀剑斫加,都终将解体而还原为沙为砾为尘为土了。世界之所以有物质生成与毁灭,无非结构与解构之两端所成就而已。这山、这石、这塔这种种奇观,无非都是暂存之体、暂聚之形。常言壁立千仞,无欲则刚,在大自然无情的法则下,你有欲无欲都"刚"不起来。在天下4000多种矿物中,被称为硬度第一的金刚石

石壁上活跃的猴子

第十集 丹霞地貌在京畿

都说是不可分解的，事实上不但能被分解为晶体，而且同样会被分解为粉末垃圾，甚至在800摄氏度以上的高温下竟然会变成二氧化碳蒸发为气体而消失，所谓金刚钻的本相原来只不过是碳的特殊结构。人，千万别逞强。阿拉伯人似乎有一句谚语近似于：任何强大的暴力，都有一种更强大的暴力等在前面收拾它。

"不识庐山真面目，只缘身在此山中。"而要看清这双塔的全貌，必须乘缆车到南面的山顶上才行。到了南面的山顶上，用镜头拉近，连塔山顶的碎石都看得清清楚楚，骇人啊，有道是千年悬石等行人，那塔下真是立足不得。许多碎石便趴在那顶沿上，说不定它什么时候一高兴，给你来个蹦极可就惨了。围着缆车南站山顶那个开阔的岛式景区转一周遭，便把这3000公顷的广阔景区一览无余了。自己在拍摄南坡下鬼斧石旁的一大块巨岩时，在镜头中发现一个人从那大石崖顶滚下，吓坏了啊。可是拉近时才看清，那是一只巨大的红臀猴子。虚惊一场得一奇观。

在双塔山景区流连了近两小时后下山，去双滦区午餐后，便一路向北赶到了避暑山庄东面的磬锤峰景区去看棒槌山。有索道直通棒槌山顶。索道长有1600余米，单程便大约有20分钟，在椅式缆车上可以拍到避暑山庄庄园的群山、狮子沟、小布达拉宫等外八庙全景，还有没去过的普乐寺与安远庙。

磬锤峰景区就在承德市区东侧两公里远近，是典型的丹霞地貌景观集中地，但最著名的还是那根一柱擎天，让人望而生畏的棒槌山，是承德十大名山之一。看了那根棒槌后，也许会更深地理解什么叫壁立千仞。尽管那根棒槌只有59.42米，但那气势吓人啊。一根大棒槌，就那样上粗下细头重脚轻还歪歪着矗立在一道小山梁的西端峭壁之上，大自然似乎在有意为世人表演一项魔术：看我怎样把鸡蛋立在针尖上啊！可比哥伦布立鸡蛋高超多了。都说是摸了棒槌山，活到一百三，我可是没敢走到那棒槌根上，倒不是怕被砸到，而是那段通往根部的峭壁过渡梁太让人眼晕了。倒是比我胆大的夫人一直跑到了那山根处，还"老妇聊发少年狂"地一番舞弄，吓人不浅。也好，做个比例尺，更见其山的峻伟高大。

更为奇特的是在那根棒槌的半腰处倒挂着一株蒙桑，据说有300多

东面观看棒槌石

岁的高龄了，还在年年奉献白葚果。用镜头拉近一看，那哪是一棵，至少是两株，立根于山腰上的裂缝中。不知是那山缝中长出来的树，还是由树根胀裂出来的山缝如峰，真让人担心那树与那几裂峰石会一同坠下山谷，这注定是它们的共同归宿，但也许要靠地质年代来计算时日了。而那上面竟然有鸟儿在不断上下翻飞、栖息。据说承德早年是一片大海，这根棒槌所立之处正是海眼，喜肆虐的龙王总发大水害人。一青年与龙王斗，被抓入龙宫，被好心的龙女救出，并盗出龙王的定海神针放在海眼处塞堵海水，承德才变成了陆地，那根定海神针便是今日所见的棒槌山。而龙女因犯天条，被玉帝化成蒙桑挂在了半山腰上。

磬锤峰景区与双塔山不但属同一地貌，而且地脉相连，因而也有不少丹霞地貌景观，因时间关系，只是看了那根棒槌便下山了。在缆车上又不舍地回拍那根棒槌与远山近黛四围景观，也难得有那样的高度与角度。

北京周边的丹霞地貌景观十分丰富，燕山深处、军都山、西山都有许多类似丹霞地貌的奇峰怪石，都是人力不可想象的，集天下所有能工巧匠也难以望其项背。尤其是宣化区王家湾乡一带的桑干河大峡谷的奇山、奇丘、奇峰、奇石，更是色彩斑斓洋洋大观。还有平谷与蓟县交界处的红石门村及以东一带的红石红土层丘陵景观，虽无多少奇特，也自有另一番景象。这也是北京的一种得天独厚吧，因为我国此种地貌景观，多集中于江南各省，而承德则是北方的此类景观第一。

一、承德双塔山景区丹霞地貌景观组图

双塔山景区山门　　　　　　　　月朦胧，山朦胧，月色下的双塔山

南观双塔山可见塔顶双塔龛中的佛像

双塔山，右面的像一个戴着瓜皮帽的老翁，左面的像一个扎着发髻的老妪，合在一起像背靠背双人头像

具有丹霞地貌特征的双塔山景区奇特的峰岩山石景观，诉说着这里古老的岁月沧桑

双塔山景区奇特的峰岩山石景观（一）

双塔山景区奇特的峰岩山石景观（二）

双塔山景区奇特的峰岩山石景观（三）

双塔山景区奇特的峰岩山石景观（四）

康熙《滦河诗》的现代摩崖

二、磬锤峰景区丹霞地貌景观组图

磬锤峰景区正门。磬锤峰景区与承德市区一路之隔，武烈河东便是磬锤峰景区，河西便是市区、避暑山庄与狮子岭

笔直耸立在山头断崖的飞来石，民间称为棒槌峰或棒槌山

棒槌石与断崖底座

棒槌石侧面横生出的蒙桑。这株蒙桑虽然只有3米多高，却已有300余年的历史，至今仍在结果，白色的桑葚

磬锤峰南面山梁上的蛤蟆石

通往棒槌峰的山梁，极像华山自古一条路

磬锤峰景区的丹霞地貌景观

磬锤峰山下的普乐寺旭光阁,建在三层台基之上,台上建有八座覆钵式小塔,象征四面八方归附

"小布达拉宫"、须弥福寿之庙与安远庙远观

武烈河东磐锤峰山下的安远庙,乾隆年间仿新疆伊犁河北岸的固尔扎庙规则修建,也称伊犁庙

雨后彩虹下的狮子沟与远处的磐锤峰

三、承德外八寺之狮子沟三庙景观组图

普宁寺：避暑山庄外八寺之一。清朝在承德避暑山庄外围兴建了十二座喇嘛寺，由朝廷设八个管理部门分管，形成了一个藏教中心，因为满蒙等少数民族都信奉喇嘛教。普宁寺地处山庄东北角上的狮子沟口，东跨院通连普佑寺这座当时的藏教"佛学院"。普佑寺的主殿法轮殿已毁于战火，而普宁寺保存、复修完好

普宁寺大乘阁建在寺院后部山坡高高的台基之上，高达30余米。笔者采风时恰逢云雨

大乘阁左右两侧为须弥山四大部洲红白台殿

阁西绿塔代表观察智慧

阁中供奉的千手千眼观音造像,由五种木料雕成,高达 25 米,是全世界最高的木雕造像

阁东红塔代表行为智慧

观音像左右两侧肋侍善财童子塑像精绝的雕饰

观音像左右两侧肋侍玉女塑像精绝的雕饰

小布达拉宫——普陀宗乘之庙，这里是蒙藏首领入朝朝拜之地。雨后的白台山门

五塔门简介

五塔门侧的佛兽大象石雕与古松

五塔门

五塔门后面的三门七楼大牌坊

"小布达拉宫"主殿大红台

七层红台中间由六座佛龛组成的一个塔形，两侧白色方块为藏式盲窗，黑色的为视窗

登上红台的几十级台阶

红台上的千佛阁，内藏蒙古王公所奉佛像

大红台上南观狮子沟

万法归一殿："小布达拉宫"的主体建筑，实际是分三层的，第一部分为白台，第二部分是大红台，第三部分才是它的精华所在——以万法归一殿为中心的一个建筑群，殿堂亭阁金碧辉煌，屋顶覆盖的是鎏金鱼鳞铜瓦，层间雕栏，额枋彩绘，重瓦飞檐，大红台柱，大红墙黄绿琉璃瓦抹顶画眉，比皇宫还豪华，外八寺的建筑大多如此奢华

万法归一殿的四面坡金顶

被刮去金片的铜瓦

万法归一殿四周，三层裙楼怀抱，裙楼之上分建殿阁楼台，气势雄伟非凡，汉藏建筑风格融和一体

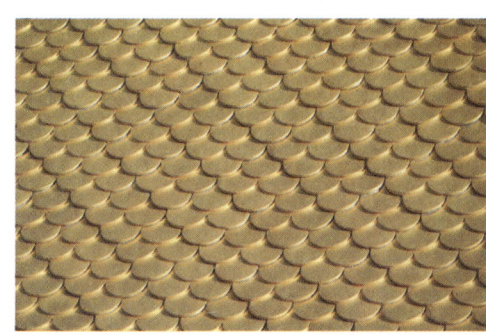

修复完好的鱼鳞金瓦殿顶，令人目眩

东北角上向下错层的六角形权衡三界殿

西北角上的慈航普渡殿，为建筑群的制高点

大红台顶南观狮子沟大道南的避暑山庄建在山崖之上，宛如长城般的宫墙

须弥福寿之庙：乾隆年间为庆贺乾隆七十大寿、迎接六世班禅的到来而建。成为班禅在承德的行宫

须弥福寿之庙东南角的角门。大庙在太阳落山时已闭馆，只能转到东面的小山上去拍摄外观

落日余晖中的飞龙金顶

京承高速狮子沟大道北观普陀宗乘之庙

第十集 丹霞地貌在京畿

四、避暑山庄景观组图

避暑山庄前的武烈河桥。承德大得山河之利，地处燕山腹地，千里滦河在市区西部流过，从东北七老图大山中倾泻而来的武烈河，在城西南汇入滦河，山庄内又拥有热河泉水资源汇入

避暑山庄正门德汇门。山庄名为避暑，自康熙始建至乾隆竣工历时89年，直到清末都是皇家的重要行宫

山庄入口的午门：山庄多仿北京与南方水乡建筑，清兵入关后在内蒙古高原与冀东北交界处建立宏大的木兰围场，每年要由皇帝亲帅的万人大军来此行猎军演，沿途修了 20 余座行宫，唯此为大为巨为要

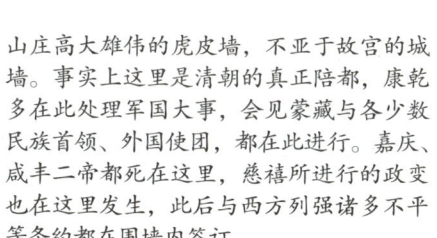

山庄高大雄伟的虎皮墙，不亚于故宫的城墙。事实上这里是清朝的真正陪都，康乾多在此处理军国大事，会见蒙藏与各少数民族首领、外国使团，都在此进行。嘉庆、咸丰二帝都死在这里，慈禧所进行的政变也在这里发生，此后与西方列强诸多不平等条约都在围墙内签订

第十集　丹霞地貌在京畿

入口处的阅射门

正宫的门窗雕饰

正宫大殿：形式无金碧辉煌彩绘，实际上完全由名贵的楠木构建，是清帝夏季在此处理政务与接见要客的地方

澹泊敬诚殿：山庄中的"太和殿"，大殿封闭，只能隔窗拍照

大殿的休息、会客处所

正宫后院的万岁照房，是皇帝的寝宫与后妃居住的地方

水心榭的主体建筑

被毁的楼台遗址,在诉说着当年侵华日军的浩劫。民国年间的山庄已衰败不堪,新中国成立后多次维护,2010年由国家财政投资6亿进行复修

中部湖边青莲岛上的烟雨楼

北中部湖边的水流云在亭

北湖岸边金山岛上帝阁,仿镇江金山建筑

山庄水域东北区的热河。世界上最短的河,长700米,由热河泉汇成,南流出山庄汇入武烈河

湖东南堤岸杨树上的槲寄生。槲寄生是一种寄生植物,生长在不同树种的枝干上,在北方也四季常青

$\frac{1}{2}$ | 3

1. 已结出小红果的槲寄生
2. 园东北部水道中的睡莲
3. 荷塘中的小荷初露尖尖角

园东北花卉园区中的山丹花盛开如火，卷帘如灯

第十集　丹霞地貌在京畿

第十一集　京西亚高山草甸：冀北元古时代高原台地地貌的"活化石"

——南北两线攀登黄草梁纪行

  草甸与草原的区别在于：草甸具有非地带性，属于零散分布状态的草地，地被植物品种与草原多有不同。高山草甸则专指3000米以上的高山顶部在森林郁闭线以上生长的大块草地，也就是说高山草甸形成于森林、树木无法存活的高山地段。3000米以下的山地草甸则被称为亚高山草甸。草甸植被耐寒耐旱，草层低密，草原优良，适于放牧。高山草甸在世界各地的高山区，具有广泛的分布。

——题　记

  北京地区的山都是亚高山，草甸主要分布于京北、京西的大山中，尤以京西灵山、百花山、白草畔、黄草梁，以及京北燕山深处的亚高山草地为代表。物以稀为贵，京周缺少草原，因而高山草甸在北京人心中，只是作为一种旅游资源出现，而非牧场，更不是以地质地层类型景观出现。其实它代表了2亿年前乃至十几亿年以来的北京地形地貌。

  北京地层自海洋中升起的十几亿年至2亿年前这段时间，远非今天这种景观，都是和内蒙古高原、山西晋北高原连在一起的高原。由于地壳板块运动引发的地层大断裂及后来的造山运动、火山爆发，导致北京南口沿河城清水镇断裂带地区以南发生大沉陷，下沉了2000余米，才形成了北京平原。后来沉陷地带的北部在地层运动中，又有许多地方崛起为高山，又经历了地层变迁的夷平时代，便又出现了大面积的台地。至今，在京西地区，许多村庄都以"台"字命名，就是这个台地时代的表证。

京周的地名仔细研究一下，具有极强的区域特征：西山地区的村屯多以台命名，京北地区多以营、堡、栅子命名，京东辽西一带则多以营、屯、杖子命名。前者具有明显的地理特征；后二者则全然是具有军事性质的，无论营、堡、屯、栅子、杖子，都是军事设施与驻屯军以及原始院落的产物。而沿河城碾台村周围的群山中，则有不少以港命名的地方，似乎是告别海洋时代的纪念。

不管十几亿年来，北京地区的地层经历了多少剧变，但有两个最基本的原始特征是无法泯灭的：其一，海相地层地貌特征；其二，熔岩高原与草原地层地貌特征。前者典型表现在以石灰岩为主的海相地层地貌山体上，后者则表现在那些亚高山草甸中。而黄草梁则是北京地区亚高山草甸的典型代表之一。当我们站在黄草梁山顶西望灵山梁上大片草甸地，站在灵山顶上东北望黄草梁的大片草甸地时，把它们连在一起，再把那些山头在心中抹平，把那些大片的乔灌木抹掉，那就是这里5亿年前曾经的元古地貌，在与其等高的地层地表上，到处生长的是野草。真是太神奇了，也太珍贵了，真如北京地区元古时代台地大高原的天然博物馆。

黄草梁南坡仍显示出当年高原台地特征的峰峦

去了两次黄草梁。

第一次是春4月，从北京沿109国道到清水镇西，走龙门涧景区南口的102县道，过梁家庄、台上村、李家庄、燕家台，一路的山势逼人，这里是沿河城断裂带的南部地段，一座座向斜大山，山势峥嵘，十分可观，拍了不少照片。过燕家台村天门般的大山口北行不远转向东北，便是新建的一处山门，再向前几百米便是著名的长城天津关古关口遗址，遗址南侧一通半T字形的高大立碑，路北侧一座不知来历的舜帝妃娥皇小庙建在一座高大的独立石峰侧。过天津关不远，路阻于挖山土大铲车与运土大货车的堵塞，开始步行登山，进入了山南大峡谷中。走了不远的人工道便步入黄草梁古道。并不难行，有幸的是在北侧百十米开外的古道上还见到了那种古老的原始运输方式——驮子，两匹骡马驮着驮子在山路上爬行。道北侧时有高峰突起，开始初露黄草梁群山的头角峥嵘。路边山壁断面上裸露出这里山体的泥石混合结构，很有黄土高原的味道。

4月天远不是黄草梁的旅游旺季，难得在山路上遇见了杨杨与何杏鸥夫妇，一身专业旅游的行头，高高的行囊骇人，忙不迭地为二位拍了几张照片。走了半个多小时后，来到了山势陡高处，右面是一面坡的断崖伸向东南大峡谷的底部，没有开发的陡窄的古道就在崖边上。刚刚攀上古道转角口，山风大作，刮得山坡上的乔灌木俯首称臣，还不依不饶地吼叫，这山口上的风与平原上的风真是不同。

山风刮得人在山崖上很难立足，赶紧偃旗息鼓收兵。我可没那种挑战自己体能胆色极限的征服欲。我与大自然打交道奉行的法则就是顺其自然，与天斗是没有其乐无穷的。生命来到这个世界上本已受虐多多，何苦加之以自虐呢？尽管无限风光在险峰，但人生何必得无限风光而后足呢？风光是什么？是风险加荣光的联合组词啊。退怯者可以为自己的怯步找100个理由，但最重要的理由只有一个：值不值得？但这里的山势只要风不是很大，还是可以顺利通过的，没那么险。

上不了峰顶，便去谷底；前途受阻，便去来路往寻。这个世界大得很，风光处处，美景遍地，而我们多直奔主题地一路向前，因而必然忽略了许多就在路边的美景。在东南走向的峡谷深处拍了一些景观、岩层照片，便返回原路。在山路北面有一处景观很值得流连一番。在一处房舍工棚式的建筑物西侧向北走去，有一个类似天坑般巨大的锅底状石湖，干锅煮石坑。坑北的两座大山崖相对，拥出一道天门，天门下有大石穴隐现。夫人涉过锅底跑到对面崖根下去拍了一些图片，那里真是一处好景观，断崖、峰台上裸露的层理、节理，为我们描绘出当年它们从海底升起，在地壳运动中与母体断裂，跃出地表时的一番番壮烈，虽已有10亿年、5亿年、2亿年、数千万年之久，仍令人耳边似有山崩地裂之震的不绝。

　　第一次登黄草梁就这样没见到黄草，也没登上梁便草草收兵。俗语言不怕贼偷，就怕贼惦记。回来后贼心不死，便与沿河城古城饭店的索老板联系，请他帮忙找一位当地能从北线攀山的司机带我们上山。尽管黄草梁处于未开发状态，但那里是条条大道通罗马，是京西古道与西奚古道的X线交叉点，几条路都可以上山。而我选择了可以由沿黄路上山这条线。尽管山路难行，毕竟是大路啊，且可直开到山上草甸区，虽到不了顶也省去很多攀登的时间与体力。

　　凌晨5点30分出行，不到8点就到了沿河城，乘索师傅的面包车过沿河口村，上了沿黄路驶向黄草梁。沿河城一带的海拔在四五百米左右，而黄草梁的海拔为1700余米，一路攀高。出了沿河口村，便是无尽头的大山峡。山路上全是碎石砂砾，车行其间有如狼牙滚豆，颠得人是骨软筋麻肉疼，但那两边壁立千仞的大山会让你把这颠痛忽略不计。

　　沿路山峡的大山，与永定河大峡谷的大山绝然不同。沿河城以北的大峡谷都是典型喀斯特地貌的海相石灰岩山体，而这里的大山则多是石头山，且都是向斜大山，座座大山都是倾斜状，东倒西歪地犬牙交错。尤其那些节理、层理已都不很明显的石头山，就像是在大断裂中遭受了粉碎性骨折一般，整座大山就像是一块块石头垒起来的，山形千姿百态，有的像全身披戴着层层黄金坚甲的将军，有的像一块巨大的光板扇贝，有的如人工砌成的巨大石墙的断壁残垣。有的从地表斜出断壁面上巨厚层理清楚的大山，却像是地层的肋骨刺出直指苍穹……似也只有走过、亲睹才看得清楚。

　　就这样一直巅了30公里左右，过了关子村、黄土嘴村、白羊石虎村，直到麻黄峪村前后那一段路才稍微平缓一些，而且麻黄峪村的景观也很开阔，两山间一马平川的河谷地修成梯次的平畴，南山坡上正值山樱桃花、高山杜鹃盛开；北山坡上已有高山草甸的模样，一对夫妻正在村头田间耕种，村东头有一棵高高的松柏杉类的针叶树一株独秀，索师傅说那是一株很有名的"钱树"。村子在后面，没进村直接左拐沿山脚下的路，奔向南面的麻黄峪去了。山路开始陡然升高，但也仍不算难行。到了向阳水村，山路至少已升高到了1500米，从沿河口至此已升高千余米。在高高的山崖上俯瞰向阳水村，真是一个世外桃源般的地方。小山村坐落在山谷间，房舍疏疏落落，河谷相当宽阔。

黄草梁海拔1500米左右的山原地貌

沿着村顶上的挂壁路行走，开始有了高危的感觉，但已渐入了高山草甸区，已看得见一座座纯粹鹅黄色的草甸山梁了。继续南行，便到了龙门沟村前后的大峡谷了。地层断裂与涧水深切共同造就的大峡谷两侧，打造了许多奇特的景观，悬崖壁立中有一座座馒头顶的山柱并列在峡谷中，像是大山跷起的脚指头。

终于见到一座座黄草铺顶的大大小小"黄草梁"来，不断停车拍一些草甸景观与群山风光。沿山路继续南行，停在了"七座楼"长城北面的一座山垭口下，前面是一个向下的大陡坡，也仍然有车道，但已是太险了，便停车步行。下到山谷再向上攀爬时，果然在对面的山坡上卡住了两辆高性能的越野车，一红一白，白色的是一台大路虎。据说红车已卡在那里两天了，司机一个人在那里挖石铺路为下撤垫脚。后来白车又开了上去，也卡在那里下不来，两车的人还有帮忙的一起前铺后垫右顶左撬，就是不敢再冲了，一面是毫不让步的山石，一面是深不见底的悬崖。千万别这么干，太冒险了。车可以不爱惜，但不能拿生命开玩笑。那里根本就不是车行道，而是一条只能容骡马驮子与行人通过的古道。据说有的车在那里扔了几个月才弄下山。而且在我们下山时，看到路面原本突出的山石，已被下撤的两辆车底盘刮碎为石棱，看悬崖边上码边码沿儿的车外辙，真是替他们捏了一把冷汗。也算是侥幸万幸吧。

峡谷南的四座楼

来黄草梁，一为看高山草甸，一为看"七座楼"长城。这里的长城在明代仍属沿河城统辖，与沿河口村长城统一编号。沿河口村的烽台敌楼为沿字三、四、五号；这里是六至十一号；灵山方向的洪水口、二帝山长城烽台是十二至十五号（记不太清了），都是按沿字统一编号。时间关系，只是看看实心台与东面悬崖边上的那座六号楼。实心台南对面山梁上的七号楼也只是站在实心楼右的残长城城墙上拍了一些照片。其他四座楼都在七号楼同一条山梁上的西南方，掩映在葱茏的乔灌木中，但仍清晰可见，也只能"望楼兴叹"了。黄草梁山顶与十里坪大草甸也去不成了，马上下撤去拍路过的那些高山草甸，虽没进入十里坪，总归是见到了"黄草"，也登上了"梁"。

站在那些草甸的山冈上，西面可见灵山山顶的大草甸。后来又到灵山遥拍黄草梁西、南两面的大草甸，再把南面百花山、白草畔，张北草原之路东西线高山顶上的草甸连在一起，那不就是元古代后期十几亿年至5亿年间的冀北高原形态吗？

百花山2000米峰顶东望群山

很遗憾，两次登黄草梁，都没有进入十里坪。上黄草梁就两个目标：一个是寻"七座楼"长城，一个是去十里坪，而去十里坪也无非去看高山草甸。至于登顶，那从来不是我的目标。"会当凌绝顶，一览众山小""不畏浮云遮望眼，自缘身在最高层""人向高处走，水往低处流"，自是千古励志佳句，但苏东坡自有"但愿人长久""高处不胜寒"的名言古训在耳。更何况当下的旅友们，不知从哪里弄出一句"好登攀，不求绝顶"的格言来，很有几分哲理，绝顶有时便是绝路了啊。但这只限于登山，人还是要向高处走，就如同拍照一样，机位的高低，在山腰上还是在山顶上拍出来的东西是不一样的。笔者只是在为自己无力攀顶找借口寻遁词而已。户外行走本为寻美好、察快意的事，还是"但愿人长久"的好。

　　自己多年四处采风的最大教训，便是在寻找一个目标时，在一日之内要把顺路的景点景观都捎上，结果常常是影响到目标的捕捉失手，常常是不得不从头再来而事倍功半了。人在锁定目标时，必须考虑到时间、能力与条件的限制，否则便很难实现。

一、黄草梁南麓高原台地山原地层景观组图

黄草梁西南部峡谷与远山

天津关路北的娥皇庙,供奉的是舜妃,不知来由,传说娥皇去世后民间奉为水仙

黄草梁入山口的天津关

黄草梁南坡仍显示出当年高原台地特征的峰峦

二、门头沟清水镇龙门涧高原台地地貌山原景观组图

龙门涧：门头沟清水镇西北的大山涧，分东、西二涧，在黄草梁与东灵山南，山水由此南流汇入清水河

龙门涧左阙

燕家台北玫瑰峪一带的台地大山

上燕路边的大山

清水河东流斋堂川水库

经水库东流的清水河

第十一集 京西亚高山草甸：冀北元古时代高原台地地貌的『活化石』

三、黄草梁北麓亚高山草甸地貌景观组图

黄草梁北坡麻黄峪村一带的亚高山草甸地貌。海拔3000米以下的山称亚高山，麻黄峪海拔在1000米以上

山坡上的山樱桃花

黄草梁沟壑山台上的草甸与灌木：野草的生命力最强大，灌木次之，乔木又次之。高山草甸都形成于木本绝迹或只有稀树生长的地方

五月间山顶草甸下沟壑中的乔灌木植被

桃叶鸦葱的生命力真强大，专门找干燥沙化的高山坡上去露脸

黄草梁海拔 1500 米左右的山原地貌

黄草梁 1500 米以上的草甸地貌

第十一集 京西亚高山草甸：冀北元古时代高原台地地貌的『活化石』

— 219 —

黄草梁1500米以上的草甸地貌,乔木中多为柞木与桦树在此生长

在1500米以上的山坡上,竟然看到了一株繁花如云似雪的山梨花

四、黄草梁"七座城"与东灵山、百花山亚高山草原地貌景观组图

黄草梁海拔1700米左右山顶的长城共有七座敌楼,合称七座楼。在这道山峡南有四座敌楼烽台,峡北有三座

连接南北敌台的长城残墙

七座城峡北六号峰台

六号台的沿河城石匾,这里的烽台编号是与沿河城村衔接的,为六至十二号

六号台东墙与远处的高山草甸山原

沟南峭壁上的烽台

沟谷间丛生的六棱木

黄草梁海拔1700米上下的草甸山原地貌

黄草梁山谷间的羊群

河谷间的山羊

黄草梁与东灵山山连着山，岭连着岭，黄草梁在东北，东灵山在西南

门头沟东灵山的高山草甸

东灵山主峰北坡草甸

第十一集　京西亚高山草甸：冀北元古时代高原台地地貌的『活化石』

海拔2000米高的百花山草甸

草甸上的针叶林

连接一片片草甸的木栈道

第十二集 "汉诺坝地层"：京北坝上"水深火热"年代的记录

——寻访张北汉诺坝地质公园火山遗迹纪行

> 想不到张家口地区曾经是一片汪洋大海，想不到这里曾被雪山覆盖，想不到这里曾经火山岩流遗石遍地烟焰弥天，真正是"水深火热"了。更想不到这里的遍地熔岩地貌，被国际上命名为"汉诺坝地层"，而且是以张北县油篓沟乡汉诺坝村来命名的。
>
> ——题　记

知道张北曾经是火山的爆发区，还是第一次去张北寻找野狐岭、獾子沟。为了寻找金、蒙的野狐岭古战场，一直沿山路跑到了张北县西南近的大营滩水库。在水库西边的村前小店门口发现一大堆核桃般大小、通身蜂窝红褐色的火山喷出岩砾，还以为是买来的建材。问过主人后才知是地产，那这里便一定是历史上的火山区了。

上了草原天路，西线是遍地青黑色的火成玄武岩；在东线腹地的一座大山顶上，则发现高山草甸中，遍地都是直径十几厘米、几十厘米的大块红褐色的火山喷出岩块，更让笔者震惊了，张北地区的火山绝非一两处火山爆发地，而是一个火山群吧。

回来便一番狂搜猛捕，尽管我国的火山地史研究相当落后，但还是找到了许多线索。北京地区的火山在张北，已发现尚留存有明显遗迹的有十余处。在万全县与张北县交界的西坝头一带，垂直向北直到张北镇西北的海流图乡南部一带，就有可见的火山遗址七八处。我们从南向北数：

在西坝头之东万全县最北边的新河口乡大小麻坪村，都是罕见的宝

张北草原天路西路南侧坝上的地层景观

石级橄榄石产地；向北上了草原天路西线末端的山梁一路向东，遍地都是玄武岩块。橄榄石、玄武岩都是典型的火成岩。在西坝头的正边台村西南断崖处山腰上，有一座幽深的白龙洞，是热岩浆从地下涌出，温度与压力都下降开始冷却凝固，在凝固前，这里的岩浆、空气仍有一股泄出，留下空间四周岩浆还未来得及补占，但硬化为岩石，于是便形成了一串儿并不深的山洞，而且成为火山水道，常年流泻，在断崖前形成大小两个水潭，旧称为大海子、小海子，今人则称为鸳鸯湖。至今，洞、湖皆在。卫星图上标有"大海"二字处即是。

万全县小麻坪村与天路北张北县春垦村之间的几公里天路一带，便是赵襄子时代所建北长城中的无穷门所在处。今人认定的旧址,已无所遗存。下了天路由刘家坊沿408路一路北行，在台路沟村、镇与前大营滩水库之间，有一个叫大圪垯的村庄，在村北三四百米路西的小山坡上，则有火山岩流涌近地表时，冷却凝固形成的火山柱，都是五棱、六棱的柱状石。这种火山柱在辽西凌源市的大王杖子乡孤山子相当壮观，是一排高大的石柱林体，整座山体就由这种柱状石纵向节理岩构成，有一二百米高；而丹东附近宽甸满族自治县黄椅山玄武湖畔，耸立着同样高大壮美的火山柱石断崖，色彩极其美奂。张北大圪垯村的六棱石虽与其无法媲美，但却是这里火山爆发的忠实记录。

大圪垯村后的火山石柱

从大营滩村继续北行，过张北镇西至西北海流图乡的路两侧，白不落村仍有火山遗迹，其北的十字街村与其东南的中华村，则都有四五个小山丘组成的火山垣。

回到张北镇沿张石高速公路南行，到了路东的油篓沟乡，过狼窝沟村，经野狐岭草原天路东入口处一路东南行，到大拐角处离开天路，沿着南行的村路过了黄花梁村、下四村，继续沿路南下，便到了"汉诺坝地层"的命名地汉诺坝村（卫星图上标的是汉淖坝）。大约是在1929年，一位英国地质学家到这里考察了地貌后，便发表论文，把这片到处是熔岩的土地称为"汉诺坝地层"，相沿成习到如今，这类熔岩地层都以此为标准地层来称呼。在该村村西500米左右的山坡中，仍存有一两米高的六棱、五棱火山柱体。在北近的下四村、天路南侧的西山底村也都有熔岩的遗迹。

在草原天路东线东行到了中部的边墙里、边墙外一带（实在记不清了），准确一点是路边竖有"东升天路山庄"黄色牌楼、天路80公里左右的地方。山上建有金代界壕边墙，并在山头上有一处高高的敌楼烽台遗址。那座山的山地是一片高山草甸，敌楼环周与伸向东西山坡的金代界壕仍十分清晰，有的尚有一米多深。而在山坡上遍地都是小块、中块的火山喷出岩，红褐色的蜂窝石上点缀着青苔黏枯其上的斑点，十分美丽。站在山顶上北望大马群山无比开阔广漠的山谷低地、高山草甸；南观一脉脉的大燕山山梁、峰脊、大峡谷，莽莽苍苍，想起了大境门长城门楼上的"大好河山"四个大字。山河之美，足以令人陶醉，令人心旷神怡清心洗肺。

到张北寻觅火山遗址前后去了两次。第一次便是东西横切草原天路；第二次则是从宣化沿G6国道，经万全县401县道而入408县道"后洗公路"，然后转入341张北至尚义的公路，到公路北侧的052张图乡道北行，直到所谓的"汉诺坝地质公园"的北界——海流图乡的十字街村。纵贯了这个地质公园的西线南北。这个地质公园是一个围山圈虎式的地域性泛指，而不是一个具体地点。

走408县道与走G6接张石高速去张北，感觉是不同的。从408县道走，可以同时感受到坝上与坝下的存在。而在高速上你找不到什么感觉，除了向前走。沿401入408不远，便遥见坝上坝下的分野，高原与平原立见，一道大坎高高地横亘在北面。坎下便是地质学上所说的断陷形成的平原。而在这北面的尚义县、张北县、平泉县一线，往右曾有断裂带，带南都是海洋，带北才是陆地。而在冰川期到来时，这里则是被冰川与大雪山覆盖。在2亿年前后直到两三千万年前，这里又是火山区。水深火热啊，张北往古。

到了新河口村，那里本有山路可直通白龙洞，但怕路不好走，便仍绕行草原天路。到了大麻坪村东在408路边小停，拍周边景观。路面田野的小片草地上开满各色应季山花，人们在种地、植树。到了小麻坪村西路口处，正逢一群人在西面的山台上栽杏扁，便停车小驻。这里的村民们真的是古道热肠，为我们详细指点西面的长城及白龙洞，还要给我们带路。谢了，纯朴、善良、勤劳的乡民们。共产党、八路军不正是和这些人血肉相连才赢得了天下吗？这才是根，才是本。

许多专业人士考证，认为当年赵襄子建的无穷门，就在小麻坪与春垦村之间的地段。这是一个十分宽泛的指认，去年到春垦村寻过一次，一直寻到北面大营滩水库，不得要领。今年来了小麻坪，也仍不得要领。两个地方是两条古道口，中间山梁上横着一道长城，在哪儿呢？万山丛中似也只能讲"之间"了。

张北坝上草原天路汉诺坝地层景观

向北过了镇虎台村，到刘家坊。要去白龙洞，千万别忽略了刻着"刘家坊"三个字的白石村牌西首的那条小道，一定从那里北行入村西拐，不能沿408向北行了。从那里是一路大西南上上下下左盘右绕的山路，两边一派高山草甸景色，很是壮观。自进入坝上后，路边、山沟里的人工与自然的断层剖面上，处处显露出火山岩的痕迹。红黄白相间的层理，让人想起了甘肃的五色山。而泥、石、土岩混合则彰显着汉诺坝地层的特色。这里大面积的火山爆发，就像一架搅拌机，把一切都搅拌在一起混烧。各色物质的特性不同，便烧成了不同的颜色。

向西南过了正边台村，便进入了张北坝上之"坝"的西坝头。大山沟中的景色非常美丽，每一条山沟都是一条季节河，平时就是一条干沟，雨季丰水期便是山洪涌流的大河向着坝下倾泻。沟底布满了大块大块的洪积石,有的山沟中间有山泉水一隙,悄悄流淌在谷底、石间。这里有许多红嘴山鸦,在谷间不停地盘旋;在山坡上召开公民大会;两对夫妻在谷底灌木丛下的积石上吵架,真凶啊,高下飞搏,以爪喙两翅为战具扑咬着,与斗鸡场上的货色一般无二。喜鹊也跑来劝架。陡然间想起了严复翻译的《天演论》中"数亩之内,战事炽燃"的译句,真是"不变惟何?是名天演""曰物竞,曰天择。此万物莫不然,而于有生之类为尤著"。赫胥黎忘了再加一句"尤以人类为巨"。

从正边台开始,沿山路爬上了西坝头,高山草甸上一片片针叶人工林大片崛起,在黄草甸山峦与蓝天白云下一抹夺目的鲜绿,成为5月黄灰色的熔岩高原上面积最大的重色块。高原台地上的气候比北京市至少要晚一个月,这里的5月天,榆树钱还一串串地在山风中摇曳,在阳光下不无炫耀。再向上行走,古长城在路边赫然入目——一座烽台连着一座烽台,却都堆废为座座土丘;一条条蜿蜒迂回于山梁间的古长城,都坍圮为火山石垄冈,变成了一条条长龙盘踞,烽台成了龙头,玄武岩、火山喷出岩一块块堆积成这青龙的鳞片。

白龙洞东侧山坡上的野花:美丽的波叶大黄

停车去看长城，标牌上写着"明长城"，专家学者们论证着秦燕长城。而我看到的是又一片"黄草梁"，漫山的黄草中许多地方山花竞相开放，只认得金黄色的高山罂粟。爬过长城青石垄冈走下南山坡，到处的火山石、红土层，怪石嶙峋。草地中发现了一种生有地层褶皱般的红梗阔叶，开着万年青穗果般火红色花穗的奇花，从未见过。后来知道这是波叶大黄。这火成岩地层真的是很奇特，生出来这么多平原上见不到的植被。

　　沿山路再向前走，便见到了白龙洞的高大标牌立于路南。站在山崖顶部，便可见叫作大海、小海的水泊，据说这两个水泊很神奇，一年四季不竭不溢，水总是那么多。沿着曲折、陡峻的下行山路走了几百米便到了白龙洞。那洞实无可观处，山崖下一排浅浅的内凹石坑而已，最里面的洞中供奉着拥挤在一起的五龙神，尚有香火供奉。南望山下用镜头拉近看，"大海"中塑有五条白龙的雕塑。北京地区的五龙神崇拜相当兴盛，这里是海洋的故园啊。

　　"不畏浮云遮望眼，自缘身在最高层。"站在高崖上南望坝下，真是一派海阔天空万里山川无边，从408路上走过的村庄一一可见。而最让人震撼的是山崖断壁剖面上裸现的种种火山岩景观，需要火山学家来一一解说了。那些深紫色的、红褐色的、青黄色的山岩上层理、节理、面理、纹理各具形态，但似乎都在讲述同一语言："我是火山之子。"整座山体就是由火山岩包括蜂窝石构成。那些层理、节理的断面之整齐，就如肉案上卖肉人挥刀砍断的脊骨断面般平整而棱角分明。地壳运动的扭曲力剪切力真是神力无边。断壁山缝上的小洞洞都成了天然鸟窝，不时有红嘴山鸦与燕子飞入飞出。而洞门口断壁脚下的火山石褶皱则有如人工盘塑雕琢绘砌。白龙洞最可观的就是这些在山上根本无法见到的火山岩。奇异的自然排列、有序构造的整体景观，尤其是洞西侧面东的那堵大断壁岩层剖面，真是壮观奇绝。

　　从白龙洞上来，便又回到408路驱车北上台路沟乡的大圪垯村，去看那片刚刚露脸于路西面东山坡上的六棱火山柱群。谈不上壮观，称得起奇观。之后长驱张北西北部海流图乡，去看那里的几处火山遗迹。又是几十公里。

先去白不落村看那里的火山口。这里的地名很不吃亏呀，白不落、爬狐不落、满洲不落、老龙不落，都把它抓在手里，什么都别落下。在张北通往尚义县的341公路上，拐向西北去海流图乡的052路，北行不远便是白不落村。注意在村南近一公里的路西，有个小指示牌"去小岳岱"，一条风电力公司专修的高级路。

小岳岱，名字是真响亮啊。一座看不出是山来的小高地一片而已，可能只是海拔高吧。北坡下的火山口，也只是一个人工挖掘出的大深坑，形成的断壁剖面而已，但那里的火山岩层则真的很可观。坑内、坡上到处是火山石、火山渣砾，各种颜色都有。人们说女娲炼五色石补天，也不都是凭空杜撰，世间真有五色石啊。小岳岱虽无高山可观，但正在修建中的博物馆前停车场边一块布满纹理的青色大石却足够高，足有10余米吧。而最大的看点则是山顶方圆之内的一片红。路边土垠全是纯粹无杂的火红色、紫红色火山尘粉末，或是深紫红的火山砾堆积。火山竟能燃烧出亿万年而不褪色的物质。比小岳岱更壮观的则是十字街的火山垣。

从白不落村沿052乡路继续前行几公里许，便是十字街村。乡路穿村而过。在村西北几百米外的路边山坡上，立有一块"汉诺坝地质公园北界"的界碑。

继续前行，会看见几百米外有几座内蒙古草原上敖包山味道的高大山丘，有一条野路与052乡路东西直线相通，那是五座大山丘环形相连大山环的出口。专业上把这五丘环连的构成称为火山垣。地质学家们说这里的火山是中心喷出式的火山，就是地下的岩浆从一个通道喷出四溢。这座火山喷发时，大概是很安静的，在四周形成了等高等大、高大无比的五座穹窿式的浑圆漫顶大山丘，而且五丘呈环形一脉环连，只在西面留了一个山口，而五丘中间则十分开阔，平平如野，长满了野草与灌木丛。那里当是喷出口的塌陷处，湖被弥平了吧。现在这里堆满了从西北面那座山丘上掘下来的紫红色火山石砾。在西南那座山丘的坡脚下与中心地带堆满了一排直径达一米上下的各色火山块、火山弹，无论色彩与形态都漂亮极了。在中心偏北处的那堆火山石前，还发现了一只巴掌大小的野兔崽儿，蹦蹦跳跳钻入火山石缝隙中；在旁边的灌木枝上不断有山雀、麻雀飞来，竟然还有一只白眉鸟。这里的生态环境相当不错。

火山口附近的火山石

在五座山丘中最悲惨的要数西北那座了，整个内面的东坡完全从头到脚被剖开，形成巨大的半环状人工立剖面，五彩缤纷的色彩与变化万方的节理、纹理、层理，看得人眼花缭乱。顶部金黄色与青色、红色相间的层理，虽然已扭曲得弯弯曲曲，但仍清晰可见，岩石竟然可以弯曲。一大片一大片白云岩混挂在青紫色、深紫红色的断面上，远观竟然像是人工灌顶泼洒的石灰瀑。在剖面下的平地上，什么品种的火山石都可见到。黄色的一碰就碎，青灰与紫红相间的石块上布满了由喷气吹成的蜂窝狼牙刺，一块砂石上常常具有几种形态几种颜色。各种质地、不同类别的岩石层理相混杂，这就是"汉诺坝"的一大特色吧，而尤以这里最为丰富多彩。

不知在这单一而开阔的五丘火山垣中流连了多久，一直到了夕阳西下的6点多才撤出。但其他几个选点便都放弃了，还有两百多公里的路程要返京。夕照下看着一路上布满山原的火山石块，心中想的是火山在夜幕遮严天光，路过鸡鸣山时拍下的夜景，竟然也被颠簸成一座"火焰山"，奇了。我与火山也许有缘吧。

我爱火山迸发的摧陷力,我爱火山岩流冷凝后的绚丽色彩与求福不回,我爱火山改天换地搅海翻江的造物生物气象。也许它的每一次爆发都是一场灾难,都是一次莫大的摧毁,但它是不可改变也不可阻挡的,何况它不也同样遵守着达尔文的"补偿律"吗?

一、张北坝上草原天路汉诺坝地层山原景观组图

草原天路东路西口的"大好河山"

草原天路东路路南的一处景观"花兰井",三块巨石立在坝顶,坝下遍布巨大的火山石块,在坝顶南望燕山壮观横绝的大山脉,顿时让人生发出大好河山之感

草原天路东路路南的"花兰井"坝下,遍布巨大的火山石块

草原天路东路中部，东升天路山庄标牌路南的金代长城界壕

巨大的火山石间盛开的地被花

游人用火山石块在山坡草甸上摆出的心形玛尼堆

草原天路西路：从京张高速路东开始一直到西坝头都在汉诺坝地质公园之内，坝顶原上遍布火山玄武岩，出露着红黄灰白相间的火山地层

草原天路西路南侧坝上的地层景观

鸡冠山附近利用长城烽台废墟搭起的敖包堆，陡峻高大如小山包

草原天路西路中段观景台南侧鸡冠山

草原天路西路中段坝上草甸地貌

二、张北西坝头白龙洞火山地层景观组图

白龙洞前的汉诺坝组地层简介牌

白龙洞东部镇虎台村东坝上火山地层景观

白龙洞山崖下的鸳鸯湖,卫星图上标为大海、小海

白龙洞西壁火山玄武岩山体大剖面

白龙洞西侧火山玄武岩。西壁节理缝隙成为无数红嘴山鸦的巢穴

白龙洞外洞口岩层

火山爆发喷出岩浆冷凝前瞬间由喷气孔形成的一串浅穴

后洞洞中供奉的五龙神

白龙洞坎下的火山锥形山包

白龙洞下的山坡岩层

白龙洞山顶在长城遗址上堆起来的玄武岩玛尼堆

白龙洞北部正边台与哈叭气村之间山峡中的火山岩层断面

三、张北台路沟乡大圪垯村火山石柱群地貌景观组图

美丽的台路沟乡村

台路沟村北张北县城西南的大圪垯村

大圪垯村后的火山石柱（一）

大圪垯村后的火山石柱（二）

石柱群的山包上东望大营滩水库，这里是当年成吉思汗率大军与金国开战的野狐岭战场西部，是木华黎大军驻营地与分战场

四、张北海流图乡白不落村小岱岳火山口景观组图

张北海流图乡白不落村南山丘上的小岱岳火山口遗址

火山口附近遍地的火山石

通往海流图乡的052公路两侧白不落村南火山口东的红土层

火山口顶部巨大的火山石堆

火山口地表处的地层褶曲，火山岩浆喷发时造成的原地层扭曲与混合

火山口岩坑下巨大的火山蛋

火山喷出砾石

火山口大剖面

第十二集 『汉诺坝地层』：京北坝上『水深火热』年代的记录

— 245 —

五、汉诺坝地质公园北界张北十字街村火山垣、火山蛋景观组图

十字街村后052公路东通往火山垣的入口道，也是当年火山岩浆的溢流口，中心的火山口现在已夷为平地

汉诺坝地层地质公园不足一米高的标牌，立在十字街村后火山垣的南坡路边

中心四周有五座几乎无差别的馒头山山包，形成一个峰谷相连无缺口的环周山体，称为火山垣

山坡下的火山巨石堆

石堆旁灌木枝上的山雀

火山垣中心平地上的火山蛋

西北部那座火山垣已被挖掉一半的人工剖面东段

南面山垣下的火山蛋

第十二集 『汉诺坝地层』：京北坝上『水深火热』年代的记录

六、汉诺坝村南北地层景观组图

汉诺坝地层命名地张北县南部张库古道上的汉诺坝村（汉淖坝）

汉淖坝村西北的火山锥人工断面

断面的玄武岩与柱状石

汉淖坝村南的坝底村

坝底村南的地层断面

张家口大境门长城外的南天门
安家沟的火山石峰岩

南天门的地层剖面

南天门北的地表形态

南天门北地层剖面

南天门北张库古道旁的季节河

南天门北地层

南天门北地层断面

汉淖坝村北的坝上地表地貌

张北草原天路景观

第十三集　京北高原火山群的诉说

——内蒙古火山遗迹石条山砧子山采风纪行

当第一抹天光洒满草原，放羊的小姑娘走过我的山坡。俯身拾起一片动人的绯红却不是草原上的格桑花。

当我从沉睡千万年的混沌中醒来，宿命的三部曲便已被注册：燃烧，爆发，然后终结。不屈的头颅坐化在我的出口，革命的元首成了一场革命的镇物。热血奔流的英雄躯体，一节节冷凝，被世代演绎为草原古老的传说。在我头颅前的山坡上堆放的五色石块，本是我前生的坚硬骨骼。听凭四万八千烦恼的牛羊践踏啃啮，一任载满苦难的勒勒车千百次辗过。却从未有过懊悔，也没有苦痛、忧伤、落寞。大草原会记得我当年掀天揭地的吼声，于今回响成了马头琴上的长调短歌。什么样的生命都只有一次，我的墓志铭却是这片全新的世界。在那片美如大海的诺尔中，至今仍流淌着我当年死亡的眼泪，却不为生之短暂，只为这宿命的打破。

当落日的最后余晖照临我的额头，牧归的老人走过我的山坡。俯身拾起了一片五色的焦煳，那便是我生命永续的别样绽放。

——《火山口的诉说》
2017 年 8 月于砧子山前

在人类史前的亿万年间，京北及至内蒙古大草原注定是一片冰火交加的世界。造物无言却有情，在人类跨入历史舞台前，先用火与冰的次第洗礼，在北纬 40°以北，为人类在这块土地上的生存进化创造着环境与条件。先施之以火，后加之以冰，循环往复后火偃冰消，又开始滋生万物，等待着一种叫作人的生物出现于其间。

也许太久远了吧，现代人虽承续着烟火的使用，却失去了对亿万年火山的记忆；对冰与雪并不陌生，且是生存必需的仰赖，却很少再去叩问几百万年前一两千米厚重的冰盖世界。而火神与冰主似乎并不甘于泯没无闻于世，便时不时地出露它们的划痕与遗留，来唤醒人们的记忆。京西、京北、京东从不乏火山石等诸般遗痕依稀，而北近的内蒙古高原南缘却有着更深刻的记忆。

去克什克腾世界地质公园叩问第四纪冰期的大门，却同时目睹了石条山与砧子山两座火山族类的高原遗民。虽皆不见经传，却毋庸置疑地见证着高原的火山世纪。

石条山，并非地质学的正式命名，笔者在寻访前无论在地质学著述还是地图上都找不到它的名字，只是民间的一种称谓而已。只因曾荣登了《中国国家地理》杂志的封面，才引起了世人们的注目。此前则默默地隐身于草原深处的山环中无闻于世。

横空出世大气磅礴的石条山梁

石条山就在太仆寺旗宝昌镇西那道山梁的后面，不过两三公里，出镇西过了西坡村便可北望此山；沿路行两三个里是曙光村，便到了此山前。轻信了一位好心的网友指路山下的一个大烟囱，笔者望见那个大烟囱，过了村子便在主道北的第一个岔道口岔入土路直奔而去，结果闯入人家的承包田中。那条路本可直达山下，但适逢田主放水灌地把路泡得泥泞不堪，加之我们的车非四轮驱动，便停车于地头。若沿着主路直行到曙光村东或山的正南面下道，便可直到山腰。

也好。多少年的经验证明，所有的路误似乎都有意外的收获。这次徒步登山不知增添了多少喜悦，那种田原山川景色绝胜贡宝拉格草原。

首先遇到了几十年未见的土豆地，那么大的一片，一条垄从北山坡到南路下，大长垄几乎有一公里。适逢盛花期，看着一丛丛紫色的马铃薯花那个亲切啊，想起了小时候自家屋后那片土豆地，恍如隔世又见。还见到了一小片自生的糜子，长得如谷子却是大散穗，可以碾出大黄米（黏米）的那种谷物，米粒金黄大如鸽子眼般，这也是我家乡的一种常见物产。

有幸第一次见到了莜麦、荞麦、油菜花三个品种，且都是聚花成果时节。细长尖尖的圆锥形莜麦果挂满梢头；荞麦果大小形态都似柏子如满天星般，在黄绿相间的茎秆上铺满一层，像一种别样奇花般诱人；油菜花田中顶花戴果，羊角椒般而细长披针形圆锥荚果层层叠叠，压得一米多高的花葶弯腰俯首。油菜花田一片葱心绿；荞麦田青黄相间；莜麦早田已一片金黄，晚田则一片青翠。在大山坡、谷间的坡面上一条条、一抹抹、一片片，几种色彩相间，还有一片片墨绿色开紫花的土豆地，构成山原间绝美的图画。这幅图画是内蒙古高原上仅有的，在他处是看不到的，就像是铺在大山坡上的一条条生动的青绿画幅。

这里是一片四面高原丘陵环抱的大谷地，视觉上极具国画空间构图之美。高山草甸、垄间地头上的山花无论品种、色彩都胜似贡宝拉格草原。加之四围山坡上疏林点点，湛蓝如洗的天空上飘满层层叠加的白云，真是一派绝美的高原胜境风光。

转过农田北侧的一座山包，石条山赫然在目，那座火山锥上的石柱崖遥遥在望。沿着那条坡脚下的山路一步步走上山坡。完全由火山喷发时岩浆冷凝为特有的六棱柱构成的大山崖，高耸在丘群之上，蓝天白云之下，愈显壮观。一条条大石柱历历在目。崖西的大漫坡上奇石呈剪影状犬牙交错，南面的山坡上卧满了巨大的倒伏棱石，最长的达3余米。西面的山坡草地上则遍布火山砾石。崖东岭上岭下则是一群群出露地表较浅的六棱石群。这是一个火山石柱群，而不是一座孤立的石柱崖。而且附近连绵几座馒头山，极似张北十字街村北中心爆发式火山环遗址的大山包，至少这些山包的形成，与石条山火山大爆发有关，在这些山包顶处，也似有六棱柱石芽出露。

石条山作为火山遗迹，虽然无法与长白山、五大连池比拼，但火山锥上的六棱石柱崖却是独秀于京北与蒙南的，也是张北大营滩石柱无法相比的，不是小巫见大巫，而是小儿见祖师了。只是久藏深山背后不为人知而已。不久后又去了一次石条山，适逢阴雨。冒雨从沽源到了山下，刚好雨停，一大团雨云压在了山顶。登上山顶遥望山原，自是另一种宏大气象。更难得的是小女方舟用卫星定位，校正了自己的信息错误——石条山不在曙光村，而在其后的老牛地村的后山，回来后重绘了线路图。

石条山擎天火山柱

内蒙古大草原上另一处比较知名的火山,则是克什克腾旗的砧子山,一来在世界地质公园之内,二来又居于中国北方九大火山群之一的达里火山群群体中,还有全国第三大天鹅湖达里湖在山脚下。

这里的火山群爆发在3000万年到300万年以前的第三纪,由此可上溯到2.5亿年前。这里的火山大爆发,在高原上留了50多个(有说200多个)伤口。这些伤口多以青灰色的高台状,平静地镇压在达里湖以西以北浩瀚的大草原上,虽无称于星罗,却有似棋布。站在贡格尔大草原的高处,西望遥观可见的一座座黛青色一字平顶八字坡脚的高台,便都是当年的火山口、火山锥遗留。又据有关资料称:这里的火山群于距今2300万年至260万年间初成,在近10万年至1万年间又有多次强烈的中心式爆发,最后形成火山群。而充斥谷地的熔岩堵塞了西拉木伦河古河道,形成了达里湖这座偃塞湖。

这里高原火山的多次大爆发,不仅留下众多火山喷发的直观遗迹,还造就了不少熔岩台地山丘的火山地貌景观。就连作为200万年前后第四纪冰期冰川遗迹而著名的,北大山阿斯哈图石林与西拉木伦河之北的青山岩臼两大景区,也都由火成岩浆岩花岗石组成。这片火山群应该与我国著名的天然火山博物馆——东北三省连绵的火山群连成一气。距今300万年至2亿年前后,我国的东北部注定是一个火山喷涌遍地失火的时代。由黑龙江延伸到内蒙古东部高原及赤峰地区的大兴安岭南麓,吉林南北延伸的长白山山脉,辽宁千山山脉东南部,内蒙古高原东部、东南部,都留有众多的火山群遗址。就是在西部的山西大同附近,也发现了30多处火山口的火山群。

内蒙古东南部的达里火山群还造就了达里湖。今日现存于此湖北高岗上的砧子山,不但是火山口遗存物,在清代年间还是围在湖心的一个小岛,山岩上至今还留有当年湖浸的痕迹,足证当年的达里湖有多大。至今,该湖东西长达百公里,南北只有两公里阔,显然是火山爆发后形成的河流偃塞湖,与镜泊偃塞湖相似,但由于火山喷发年代的不同,加之达里湖一带的高度沉降,两湖的形态已大不相同。镜泊湖仍保留着偃塞湖的母河形态,而达里湖已变成了具有高原特色的"海

达里湖北岸的砧子山火山口遗址

砧子山东部的火山石

子"湖泊了。但它为这里创生了一片湖积平原、湖盆低地地貌与湖群景观。居功甚伟，亦当归功火山。

达里火山群，笔者只登过砧子山，其他便只是遥观几座而已。砧子山的绝对高度不算海拔基数，距地表只有百余米，独立于无边的贡格尔草原西部的大草原上，仍显得气势雄浑，整座山体就像一方铁匠打铁用的铁砧子，所以被称为砧子山。山坡、山脚的草地中，布满了各色火山石蛋、石砾、石渣，还有许多黑色玄武岩石砾出现。这些黑色的石砾更遍布于达里湖的北滩上，构造出一小片白沙黑石滩涂景观。这些火山石不啻为草原上另一种别样的绽放。

这座砧子山是高原上一处十分美丽的景观，逾千百万年风吹雨打日晒雪覆，于今仍不失一团火气，由青黄褐色山岩构成嶙峋而宽大的山帽，有如殉难英雄的巨大头颅仍威武不屈，一副睥睨世界的神气；半山腰下已被乔灌草搂腰覆盖，与大草原连成一体。山南山后都可直登山顶。它的一大特色是环山腰存有几组金元时代的岩画，艺术水准也就一般吧，但它的价值却不在此，而在一种历史的佐证。证明这里的人们，曾经以怎样的方式、形态生息繁衍，是一种历史文化，也是一种历史文明。

笔者只爬到半山腰拍了一组岩画，便去看达里湖了，那也是火山的一个产儿。火山为这世界创设了太多的奇观美景，值得人们为之纪传流传。对它们自身仅存的遗痕应加倍给予保护，这些遗迹的存在对于历史无言的诉说，远胜教科书的泛泛而谈。

一、太仆寺旗石条山火山锥柱景观组图

云雾遮绕下的石条山

火山锥前的山坡上到处布满了巨大的火山石

山坡上的火山石

西观火山锥的垮塌废墟

壁立千仞的柱石峰

山南正观火山柱石山崖

火山锥体西北角的柱石

第十三集　京北高原火山群的诉说

火山锥东部山脊上的火山石崖

柱石峰顶的喜鹊大会

峰顶的风化柱石节理

二、内蒙古克什克腾旗达里火山群砧子山景观组图

达里湖:贡格尔草原上的明珠,在克什克腾旗西北锡林郭勒东南交界处,湖西湖北布满了古火山口,是我国著名的火山遗址群

大草原西部的台形山包都是火山口遗址

砧子山东部的大坡脚

立在山坡上的砧子山简介碑牌

雄峙湖边缘上的砧子山

遍布火山石块的山南草原

山西部的山顶峰石

作者在拍摄岩画

辽金时代的岩画（一）

辽金时代的岩画（二）

第十三集 京北高原火山群的诉说

第十四集　北京冰川遗迹："亚洲地质史上光辉的一页"

——模式口中国第四纪冰川遗迹陈列馆与京畿冰川遗迹巡礼

地质学研究认为几十亿年中全球至少出现过三次大冰期。最近的一次在200万年前后，被称为第四纪冰期。那么北京地区的冰川遗迹发现，为什么会被苏联院士称为"亚洲地质史上光辉的一页"呢？大概是因为传统冰期研究认为亚洲的大陆冰盖只曾伸展到北纬60°一带吧。但在京西、京北直到内蒙古克什克腾旗都发现了典型的冰川遗迹，总不会是从欧洲漂来的吧。还是李四光说得好：发现，才是科学的前沿。

——题　记

在北京百余家博物馆中，有一座中国第四纪冰川遗迹陈列馆，坐落在西部翠微山下的模式口村，就在去法海寺寺前模式口大街路北侧的一个称为冰川路的小胡同口，向北走几百米，过了引水渠小桥向西便是，有明显的指示牌。一座建在山嘴上的现代建筑，京密或永定河引水渠就在门前流过。那里展示的是中国第四纪冰川期的遗迹，据说还是我国乃至亚洲唯一一座建在遗迹物上的冰川遗迹博物馆。

中国第四纪冰川遗迹陈列馆初建于1989年，2009年进行了重新改造。展室面积达4000余平方米，还引入现代高科技手段进行场景复原、多媒体演示，而最珍贵的还是那些真实的标本样石与各类化石。两层建筑内分设若干展区和展室，从地球的形成、人类的诞生到冰川的形成，应有尽有，十分难得。在主展区内的小山坡顶，竖有李四光先生塑像，有他的生平与冰川理论建树的简介。他是中国真正的精英。

馆内小山坡上的冰川擦痕样石原本,被保护在一层的西侧大展厅内。这是由我国地质学家李捷先生发现的。在一面小山坡上,分布着多处冰川擦痕遗迹,都是原地原石,保护得非常好。但见不到典型的钉子状擦痕,只是一条条很光滑的小槽沟隐现。没有冰臼,也无漂砾。但展出了平泉县的一组各类漂砾石样本;用图片展示了延庆冰臼与克什克腾旗的石林等冰川遗迹。而且在这里展示了远古时代的多种海陆生物、动物化石,都很珍贵。在东侧的展室中,还展出了一些很珍贵的矿石,如红宝石矿石、玫瑰方解石等都很漂亮。二层楼上则多是应用科技光电手段的地质科普解说。很值得一看,至少可以直观第四纪冰川擦痕的实地样本石。

红绿宝石样本

第四纪是地质年代的一个时期,一般认为这一时期划分的下限为距今250万年前后,还有的认为是1万年前。国际地层委员会认为第四纪的下限在180万至260万年前间,但也只是推荐。全世界地质学家都搞不清的事,我们就没办法厘清了。也只能像老祖母讲故事的开头那句话"从前啊……"来对待冰川了。总之,认为第四纪冰川期是地球上距今最近的一个冰川期,而地学史上到底发生了几次冰川期,谁也搞不清,都是瞎猜,至少现在没有那么先进的权威性科技手段来测定，所以才有那么多各树一帜的争论。而所有科学门类中最不科学的，就是科学家本身就缺少科学的态度，都想当发现者，都想各树一帜。

连第四纪都没搞清，还讲什么是"人类出世并迅速发展的时代"？李四光认为第四纪冰川期在200多万年前后，全世界的冰川面积占地球陆地总面积的11%。那时地球年均温度比现在低10~15度，全球大雪，冰川厚度达1000米，海平面下降130多米。一般认为迄今所知的冰期有三次，第一次距今6亿年前后，第二次距今2亿至3亿年，第三次距今200万年前后。第三次冰期称为第四纪冰期，又分为四个时期，其中最后一个时期在距今1万年前后。可信不可信先不说，总归是这么个说法，总归是这个地球曾经有过冰期，有过冰川罢了。

据科学家说第四纪气候的冷暖变化有24个回旋，有多次间冰期温暖气候回复。在最冷的时候，高山区的降雪量超过了雪的融化速度，形成了冰川。当冰川的厚度与重量达到山坡托举上限时，冰川便整体顺山势向下移动。那移动的力量可就大了，而对地貌的影响第一是剥蚀。有的山头被削平，有的在山基岩上留下剥痕，有的被剥削成奇形怪状的峰、梁、台面，削成奇峰怪岩，有的山石被它剥镂成各种窝、洞、空旋，称为冰臼。这种影响力是与风蚀、冰蚀合力完成的。第二，搬运。随着它的移动，许多巨大的山岩被它移位，甚至搬运到许多山峰之上、谷底之间，这种移位中的搬运之功，同样为我们留下了许多不可思议的壮美奇特的景观。一块巨大的石头如飞来之石，跑到了山峰之顶或山腰上，有的则堆积在谷底形成石河，这些石头被称为碛石或冰川漂砾。那么，怎样来识别这些冰川石呢？据说这些石头上有钉子形的划痕，还有多种多样的擦痕与纹理可识别。而冰川移动对地貌的改变，对人类生存的影响并不止于此。

冰川的消融会使气候变暖，会令海水升高，同时为人类提供宝贵的淡水源。而冰川的移动则会对人类的生存居住造成巨大的威胁。据新闻报道，新疆地区在2015年还发生过一次冰山移动的灾难。这一年5月，新疆阿克陶县的一位牧民放牧归来，发现自家房屋不见了，原址上坐着一座冰山；附近的牧场也不见了，全是石头，神话一般。原来是县境内的公格尔九别峰上的冰川发生了移动，人员虽无伤亡，但1.5万亩草场被毁，59户牧民房屋受损。这次冰川移动的长度约20公里，宽度1公里，冰川高度30米~50米，原先的山下盆地变成了巨大的冰山。

冰川在移动中会改变地貌，会把山坡削成梯形；会把巨大的岩石搬运移位，这种作用称为剥蚀；还会把经过的山石磨光留下擦痕，称为磨蚀作用；形成的冰融水渗入岩缝，通过热胀冷缩把山岩弄碎形成狼牙状山尖群，称为冰楔作用；在山谷地带会形成冰斗（窝形洼地、盆地）或冰斗湖，三面峭壁陡坡，坡下有一面出口；还会形成各种奇石群、刀刃山、尖角山、三角形山嘴、U形山谷、石河、悬谷、羊背石群，以及各种形状的山丘。炜杭先生所编《冰川侵蚀作用形成的地貌》一文介绍得很详细，有兴趣的读者可查阅一读。

在北京及京畿地区也有许多冰山遗迹出现。在京郊地区大概有八处漂砾与擦痕。除了模式口中国第四纪冰川遗迹陈列馆展出的实地遗迹外，在八大处香界寺坡下小桥边的一座小亭子中，有一块两米见方的漂砾；在密云县云岫谷景区也有巨大的漂砾发现；在门头沟妙峰山镇斜河涧村南，广化寺附近的白龙沟（广寺沟）中，有大量的冰川遗迹，因此，被称为"冰川谷"，其中有冰川刨面、擦痕、冰蚀坎、羊背石、角峰、刀刃脊等诸多遗迹。有一块长7米高5米的第四纪冰川漂砾，据称这块巨石形成于2亿年前，是一块火山凝灰质砾岩，是块冰川条痕石，上面有磨光面也留有冰川擦痕。

白龙沟沟谷中的漂砾

第五处位于门头沟三家村东北的隆恩寺附近。而这处遗迹的发现，有许多故事。遗迹在隆恩寺中峰庵东侧的山坡上。李四光与苏联科学院院士纳里夫金曾亲自来考察过，这位院士曾著文称北京西山冰川遗迹的发现，是"亚洲地质史上光辉的一页"。但这片遗址当时已经被一些无名考察者破坏，为了永久保存下去，李四光下令将其掩埋掉了，就是当年最早发现并陪同李四光来此考察过的人员，重寻旧地时也找不到了。据魏生生的文章称：这处遗迹，是中国科学院地质研究所的马胜云先生与孙殿卿先生发现的。二人回去向李四光汇报后，李四光来此考察，与苏联科学院院士共同认定了这片遗迹。近年来在延庆大庄科乡方向的212公路白龙潭桥下，发现一个20米方圆的大石坑，有的称其为世界上最大的冰臼；有的则称其为水成的壶穴，其说不一。许多当代的"专家"、"学者"、教授的话多不可靠，但我相信李四光，他是不会瞎说的。连克什克腾旗青山冰臼也多有争议，我们就当风景看吧。无论风成、水成、冰成，都离不开一个"蚀"字，还是去相信李四光吧，中国的第四纪冰川是存在的。

在第四纪冰期，京畿地区也是冰雪覆盖地。200万年前这里早已从海底升起为陆地，京北的大山里在冰期终年冰雪覆盖，同样是一片大雪山。于今在赤城县的冰山梁这座2000余米高的大山上，仍有许多冰期遗迹。尤其拥有罕见的古冰川遗迹——冰蚀夷平面，大山顶上有20多平方公里的准平原大平面，很罕见。至今一些地方的冰雪终年不化，故称冰山梁，并留有冰蚀作用下的石海、石林、石臼及各种形态的奇石。而最著名的冰川遗迹奇观则在克什克腾旗，那里的青山臼园、黄岗梁、阿斯哈图石林景区为我们展示了大量第四纪冰川期留下的多样景观，有世界奇观之称。这些冰川遗迹，不仅是京北冰川期的历史见证，也为北京地区的冰期研究提供了活化石。而京郊地区的火山遗址，也不会只那么几处，一切都有待发现而已。

京畿这片广大的土地，经过大海的洗礼、火山的沐浴、冰川的浩劫，不但为我们留下诸多旷世奇观、多姿多彩的地貌，也为这里的人民提供了丰厚的物产和矿藏。而这一切的生成又何其不易！我们真应该好好珍惜。不可竭泽而渔，更不可毁损破坏，当为子孙后代留一片息荫之地才是。

一、北京中国第四纪冰川遗迹陈列馆冰川擦痕遗迹组图

中国第四纪冰川遗迹陈列馆建在北京模式口大街路北,是一座建在野外考察遗址实地之上的博物馆。馆中保存了当年考察发现的若干块冰川擦痕遗迹的原貌,同时还有古生物化石、矿产宝石展品展出

冰川擦痕遗迹石块:馆中这样的擦痕石有多块都保留着原貌,但擦痕也很难辨清,据说只有在水湿的情况下才能够显现

馆中的喀什冰蚀湖图

馆中的北京延庆冰臼图

第十四集　北京冰川遗迹：『亚洲地质史上光辉的一页』

我国上个世纪著名的地质学家李捷,第四纪冰川遗迹的发现者

展馆展出的古生物化石

冰川时代展室

二、中国第四纪冰川遗迹陈列馆展出的冰川期前后古生物化石、矿产宝石组图

1.4亿年前的狼鳍鱼化石碎片组合

狼鳍鱼化石

铲齿象头骨化石，1000万年前存在的古生物

四角鹿头骨化石，头上生有两对角

三趾马化石。现代马祖先，生存在1000万年至100万年前之间，那个时代许多大型生物都是三趾足

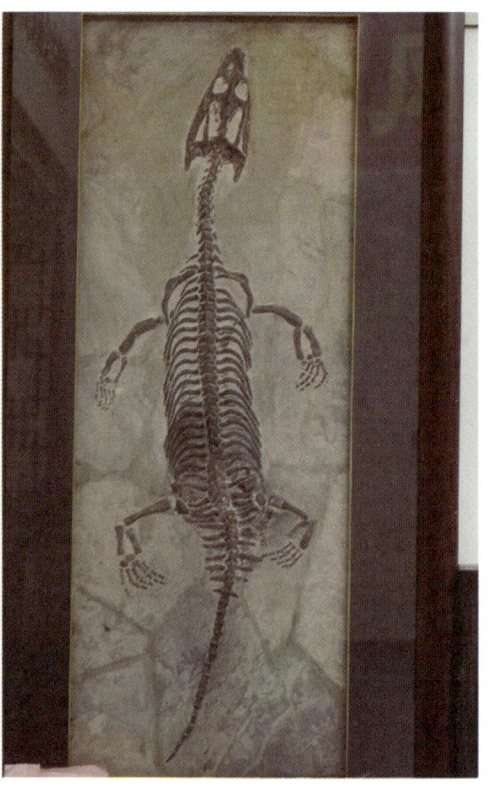

幻龙化石：生存在2.43亿年前，品种众多，长度小到36厘米大到6米。辽西一带发现的化石

大唇犀化石，生活在500万年前的三趾古生物，无角犀

猛犸象化石

东北野牛化石

古鹿头化石

披毛犀化石

第十四集　北京冰川遗迹：「亚洲地质史上光辉的一页」

三、门头沟妙峰山白龙沟冰川漂砾景观组图

白龙沟冰川漂砾遗址在妙峰镇南斜河涧村后的大山沟中

大山沟中的广化寺遗址成了观看漂砾的山门

拦路虎一般横躺竖卧在白龙沟沟谷中的漂砾

漂砾巨石的北壁

漂砾东壁显现的砾石结构

巨大的冰山漂砾，哪里是什么"砾"字辈的石头，简直就是一座小山。除了冰川漂移谁还有如此巨大的搬运之力

遥望西部的九龙山

第十四集 北京冰川遗迹："亚洲地质史上光辉的一页"

— 277 —

四、黄岗梁北大山"冰川石林"景观组图

黄岗梁阿斯哈图石林地质公园。石林本来都是喀斯特地貌石灰岩和白云岩景观，这里的石林却是花岗岩石林

这里的石林是由第四纪冰盖冰川运动造成的，因而又被称为冰川石林

石林地质公园的石林景观(一)

石林地质公园的石林景观(二)

第十四集 北京冰川遗迹:「亚洲地质史上光辉的一页」

- 279 -

第十五集　火成的"东方伊甸"冰凿的世界之谜

——寻访克什克腾旗青山第四纪冰川遗迹岩臼群纪行

造物主用手中的尺规，
为人类在万层空间中画出一个生存的椭圆。
麻姑顺手买走了这里古老的沧海、横流，
上升的海底成了盖亚领土上的大漠庄园。
地母的子孙们却个个热血好斗，
总喜欢在地底下玩火角抵碰肩。
不小心把一统江山撕裂为两半，
一场南北战争打得是满天失火遍地冒烟。
升腾的地火突出地层凝筑城堡，
小的是火山口连台的敌楼烽燧，
圆的叫敖包，高的就叫大山。
地母派西拉木伦神裂谷为界，
谷南山赐号大燕，界北岭就叫天下大兴安。
不知过了多少世多少纪多少物换星移，
北方的冰主与南方的火神又开始争霸天下，
直杀得是冰消瓦解山削岭翻。
造物主派神鹰使者飞来弭平战事，
冰川主撤兵留下了九缸十八锅，角锋刃脊刁斗栏杆。
太阳神班师满山谷播建了草甸树木花园，
从此这里便被人们称为北国青山东方伊甸。

——题　记
2017 年 8 月于克什克腾旗青山岩臼园

克什克腾旗之行，花去一整天时间的独立景区，唯有青山区，匆匆一日尚嫌不足。

经棚镇是克什克腾旗政府所在地，一座十分现代化的小城，坐落在群山之中，是一座半山城。前些年出版同人扯过"海拉尔雾大"的闲篇，而这内蒙古大草原上的山中却真的是晨雾很大，清晨的小山城四围都笼罩在一片云雾中。

早餐后便出城南东行，一路东南，两旁青山逶迤。东行20余公里，路北的一片峰林如巨笋如狼牙如风化的城堡雉堞。这世间怎么会有如此精绝的造物？但哪里想到这就是克什克腾旗著名的青山南部外围山表。尽管是逆光又有晨雾，山影有些依稀，仍美如图画，蔚为奇观。

前行几公里后，路南出现了关东车的标牌，从路北下道不久便是关东车小村，村后便是巍峨连绵的青山景区了。爬上村口路西的高坡，仰拍路东山顶奇石磊磊，路西美峰落落。这片大山名为青山，而所有山石都是铁锈色的，说是冰成山，岩石却是火成岩。

关东车村后路东山石景观

过了小村不久，便可见路西一座石垒般的褐色大山。山面赤裸裸的似由不同形态的巨石垒成，面理都是那么光滑圆润，节理纵向一节节扭曲为蛇形，像巨蛇在向上爬行，因而称之为"蛇石"。整座山体纹理清晰点皴有致，夫人说把它临摹下来就是一幅极美的国画后，便跑到山下深深的谷底大石坑河道中去拍摄，我则钻入路西的山丛中去拍一组大斜坡平面石台。

由蛇石山继续前行便渐入大山腹地，两旁怪石嶙峋奇峰陡岩，几乎都由馒头石、面包石垒成，山顶则多有巨大的悬石。高远处峰脊上，一条条由冰川盖漂移拔蚀与间冰期冰山侵蚀、风蚀造就的如刃如锷的筋脉山梁峰脊间，填满了植被，形成一片片全覆盖的厚厚绿茵。这里林草相间的植被极其丰茂，许多两面峰墙间的绿植，就像一条绿色的彩带，宽些的则如碧瀑天泻；平整高大的山面上则有如从山梁上披挂下来一幅巨大的绿绒帷幕高悬漫山垂地，鲜绿的色彩动人而诱人，让你无法无视。

到了售票口后，还要步行良久，才上了索道。在长达千余米索道上观光自是另一番景象，褐石绿草，奇峰怪石如锋挺刃卧，且各具形态，一座座在眼前闪过。谷底高大的白桦树一株株伸向索道探手可及，密实得让你望不出谷底。

峡谷两侧峰峦景观，冰川角峰地貌

下了索道便已是中午时分，去乘观光车从岔道口西北行的一面过去更近。过了小小的一线天便是岭脊上的开阔地带，这脉青山最大的好处是峰顶岭脊上都十分开阔平坦，给游人留下足够的游走空间，而不似绝顶那般狭促孤绝，那种山是毫无兴味的，只可遥观不登也罢。

这第一道岭顶的东面，便是五岩并列的一道大山墙，与尚义县红土梁青山天路西头那座卧龙石极相似，上面已出现了些许的岩臼圆洞。再向东走便是北白岩，向北便是观光车站。但岭西的一片山色十分秀美，便没有急着前行，而是爬到西面大山坡上观景。一株株巨大如帷如盖的槲树与雪白的桦树长满山顶；满山坡卧牛石、馒头石样的花岗岩石蛋大得出奇，而非斗石、砾石、一般火山石蛋可比。

这次主要是来看冰臼的。而此行最主要的也就是来看这里1万年前后留下的冰川遗迹。许多冰川学者认为这里的臼穴为冰成，而也有许多人认为是风成。也许正因为如此吧，这里园区命名只称岩臼而未称冰臼。就在这片大山石群上似乎已为专家们留下了极为宝贵的考察研究证据。在这片巨大的石蛋群上，到处都是侵蚀窝点。有的已初具臼形，有的则刚刚破皮形成了小窝点。无论如何这不是冰期留下的痕迹。各地的石臼是否完全是冰成，值得探究，但读过许多此类文章，却从未见有引此为证的，而且未见有一文研究一下此地花岗岩构成、密度、硬度与特点。

中午了，跑到山阴处一片桦树下去午餐。眼前真开阔啊，脚下是一条横亘东西的U字形大山谷，绿满谷间而花满绿茵。北面的大山坡上高高耸立着散点式错落有致的红褐色峰岩群，巨大的峰岩下如天雨星般洒满了石蛋砾石，像是一片绿色海洋上漂露的群岛海岭。树下凉风习习吹来，8月酷暑间并不觉得怎么热。

山坡大草地上闯入一位碧衣白裳短装短发戴太阳镜的美女，像个孩子般嚷着跳着在草丛中寻花嗅草，又招来一位白衣红裳的女伴。夫人跑过去与她们合影，在绿草坡上构成了另一幅美丽的图画。哈，三个女人一台戏。地球没谁都照样转，但这世界上若真没了女子，还真就没戏。

在草绿花鲜的山阴大山坡的草甸上流连了许久，才去看北臼群。一座双峰合璧的独立山岩浑如一块光滑的大石头，耸立在山梁的东头，远远可见峰顶的白色护栏。但要从峰南或峰北绕到东侧才可上攀，大约百米之高，但很陡峭。尤其是西峰，若无层层叠叠的人工梯断然绝难攀行。

峰顶的大岩臼坑

即使有梯，我也放弃了，太陡。只是爬到东边的矮山头上拍了几处小臼。夫人一个人爬到了西峰顶，仰望之就是一个小红点。得感谢她才有了那峰顶的臼群照片与居高临下的青山整体照。

　　从北臼群峰顶下来，便沿小路去北坡乘观光车，去青山最高峰鹰嘴崖看崖西的大臼群，真正的臼群奇观在那边，这也是此行必看之处。观光车一路西行，奇峰怪石各有小名，无论峰、石，都是一样的绝美。到了车站终点，听人说要过500级台阶才到至高点鹰嘴崖，然后还要西行一两公里才到臼群。好在通往主峰的栈道修得真好，回环曲折，平者如桥，曲者如廊，高者如天梯，处处都如观景台。这青山的确是一处大景观。海拔1534米的鹰嘴崖，高高在上，口角头胸分明。栈道南北山河川原尽收眼底。很想高歌一曲《蓝色的蒙古高原》，耳边回响的却是小伙子们一声声的"我——来——啦！""我——来——了！"和群山悠长的回应。

　　过了主峰，山顶依然西南开阔，下坡前行一两公里便到了臼群。名不虚传的群臼，小路上便已叠肩接踵。许多臼穴已被风沙弥平，窝窝里长满了边缘线清晰的花草圈儿，却是它的身份证。而且每个臼窝周围都有一条乃至数条流水淌成的纤细的"河道线"。一块块巨大无比的河卵石样浑圆的大石蛋，石面上布满了巨大的臼坑，最大的有十来米阔、数米深，坑中生出 10 数米高的白桦树、茂密的水草，臼中的水面倒映着蓝天白云。这些臼群的成因不仅成为"世界之谜"，也向人们展示了大自然造物鬼斧神工的伟力。无论它是冰成、火成，还是水成、风成，总归是人间一道无与伦比的奇观美景。

青山顶上的世界之谜冰川岩臼群景观，有如巨大的水栽盆景

夕阳已经西下，怕误了末班车，便匆匆返回，一路上又拍了不少山间景物和原上风光，便下山返回经棚镇——那个曾经是祈福诵经之处。一路上夕阳下的青山表里更显其壮阔妖美。网上介绍说此山此园特色景观为神石、峰林、冰臼"三绝"，其实此山可观处绝非仅此。笔者此行觉得这里至少有六景可观：

天工开臼：这是本山本园的独有特色，至少有三处可观。其一，索道站顶岭西石丛中的初生臼窝、臼点；其二，岭东紧邻的双峰顶小臼群；其三，此山至高点的鹰嘴崖西南千余米处的大臼群。在千余平米的巨石阵上分布着大小千余个冰臼。此处的臼群不仅是我国也是全世界保存最好的，而且在一片片峰林高处随时可见臼穴。岩臼生在高山绝顶之上，也是它独具的特色。许多地方的岩臼多生在低洼或山坡上。

原上奇峰：奇峰迭出怪石磊磊也许并不罕见，但此处峰石与阿斯哈图石林同样奇绝之处是，这些峰林石群都是在内蒙古高原上一座座敖包形漫顶平缓圆润大山丘的亚高山草甸之上，又辟建出一个层次上的峰石地貌，座座如天外飞来落地生根，赭色的山石峰林与绿绒般的草甸高下交叠辉映形成奇绝的宏大景观。此景似只有7、8月可见。

绿色天幕：这里亚高山草甸相当发达，漫山连云席地接天。大山谷间如绿茵横陈，两座奇异的峰墙间有如绿色瀑布飞流直下或如求福而上遍布山隙节斑之间。站在顶峰之上遥观东南方向的大山面，泛着鹅黄色的浅绿植被，直如一道巨大的绿色天幕高张。游者且勿失却此等天赐眼福。

高原伊甸：《创世记》中说，造物主在东方建了供人居住的伊甸园，神使各种花草树木从地里长出来，"可以悦人的耳目"。园中还有生命树和善恶树，还有四条河。青山区里足以悦人耳目的则是高原上丰富多彩的绿色植被，是一个名副其实的大花园。野生植物多达500种，我们并识不得几种，随处可见的白桦树布满山谷、山坡和峰石间，有如亭亭玉立碧衣白裳的美女；岭脊上生着南方琴叶榕般巨大叶子的槲树，色彩是那么鲜艳，枝干如铜铁般虬劲，有如披着绿色甲叶的赳赳武夫。草原上的花卉、灌木似乎应有尽有，还有许多苔原植物，多生于山石悬槽沟间或岩面的凹陷处，其美丽足以令人叹为观止。在海拔1500米左右的大臼群处，还见到一株硕大如盖的古松，是此山中稀有之物。山间还有无数的溪泉流淌，而不止于伊甸园中的四道，显然并非流金烁玉，却是这座大花园的滋养者。伟大的西拉木伦河就在山南流过。

天布石阵：青山之上虽没什么名贵宝石，但奇石遍布，各具形态，如鸟如兽如动漫形象，令人目不暇接。更奇特的是此山布满石蛋群。而一般情况下，似乎只有在火山喷发地，才有大量的石蛋和各色火山砾石出现。但这里不但具有大量有如巨石阵般的石蛋群，而且在那些岩峰下都有大量的砾石出现。这是很典型的火山地貌景观，但未见此山与火山有关的说法。有无说法并不重要，花岗岩是火成岩，高温高压下的岩浆未喷发而冷却于地下而已。这些石蛋应该是露出地面后历经磨劫而形成的吧。

北屏南画：站在海拔 1500 米以上的山梁上，北近群山如屏，大多为冰川的造物奇伟精绝；南观则川原次第，西拉木伦河从山南流过，一脉脉大山苍黄变化，一抹抹青黛层加叠压，间杂着一片片黄绿色的农田分割，构成绚丽如画的高原色彩，足以望断人目之所及。

泱泱青山，绵延数十公里，景点众多，岂可一日看尽？以上只是笔者一日所见所感，把它记下来，配上图片，与天下读者共享吧。

一、青山园区内奇峰异石草甸景观组图

奇特的巨大冰斗地貌,关东车村后路东山石景观

乘缆车拍峡谷两侧峰峦景观

东南望景观,不怎么典型的冰斗刃脊地貌

第十五集 火成的『东方伊甸』冰凿的世界之谜

- 289 -

山梁上的巨大石蛋群

峡谷对面高山草甸的山上之山

第一道山梁北坡山石景观

山梁东望大山，冰斗、刃脊、冰槽地貌

通往主峰道路边的巨石峰

第十五集 火成的『东方伊甸』冰凿的世界之谜

二、青山岩臼北峰景观组图

第一道山梁通道西侧石蛋群上风化形成的岩臼（一）

第一道山梁通道西侧石蛋群上风化形成的岩臼（二）

第一道山梁通道西侧石蛋群上风化形成的岩臼（三）

第一道山梁路东独立的北峰岩臼群

北峰下美丽的桦树干天然环剥树皮

北峰的东角峰

东角峰面上的岩臼坑

峰顶上的大岩臼坑

第十五集 火成的『东方伊甸』冰凿的世界之谜

— 293 —

北峰并不高,距山顶只有百余米,但西侧的山峰却有如万丈天梯

不畏劳苦的王老师独登峰顶拍下的大岩臼坑

三、主峰西的世界之谜大岩臼群景观组图

通往主峰鹰嘴峰的高级栈道,过了主峰后至少还有1.5公里才到西峰石臼群

栈道边巨大的白坑内长满了花草灌木,这是岩臼的一大特征

冰川岩臼群景观(一)

冰川岩臼群景观（二）

岩臼群中难得一见的古松，青山园区内很少见到针叶树

栈道边巨大的风化岩层缝隙中生长的奇特的地被植物

第十六集 "父亲的草原":那些泪落如雨的歌谣还会唱多久

——坝上草原与希拉穆仁大草原寻觅纪行随感

> 如今终于见到这辽阔大地,站在芬芳的草原上我泪落如雨。……啊!父亲的草原,啊!母亲的河,虽然已经不能用母语来诉说。请接纳我的悲伤我的欢乐,我也是高原的孩子啊!心里有一首歌,歌中有我父亲的草原母亲的河。
>
> ——席慕蓉《父亲的草原母亲的河》节录

席慕蓉与德德玛这两位当代知名的蒙古族女性,用她们的诗章与歌喉,共同演绎了献给大草原最为深情的一支情歌——《父亲的草原母亲的河》。

说草原是地球的皮肤、服装都太浅薄了,似乎只有"父亲"的称谓,才最准确地道出了人类与草原的关系。而这两位蒙古族女性在这首歌中表达出来的"泪落如雨",也许不只是对故乡的深爱,更多的则是对草原这位人类之父的感恩之心吧。

草原是什么?

草原是地球上生命族群中的先锋战士——只有在树木无法生长的地方,才有它们的生存空间;草原是绿色世界的悲剧英雄——它们也是生命,也有生命的过程,但它们处在地球食物链中的最底层,它们的存在仿佛就是为了让那些有骨肉、血气的物种生存下来,活得更好。它们无力抗拒风沙的掩埋,且一任牲畜的啃食、鼠类的啮咬、人类的践踏与攫取,直到把它们无情地毁灭。草原是人类的父亲——地球上草原的出现只是几百万年前的事情,也就是说它只是与人类同步或先于人类一步,出现在这个蓝色的星球上。也就是说草原已陪我们走过了几百万年的路程。有了它才有了草原带上的动物,驼马牛羊,才有了在这里生息繁衍的人类的生存养料。从这个意义上讲,草原不只是席慕蓉所说的"父亲的草原",也不只为我们提供了德德玛所唱的草原的"清香",它是我们当之无愧的父亲。

科学界定,地球上的温带草原在北纬35°～55°或40°～60°之间。按照这个界定,北京正处于这个草原带上,但于今我们在北京地区哪里找得到草原呢?向北走吧,那里是内蒙古高原啊。去了坝上,去了沽源,那能叫草原味吗?到了著名的金莲川大草原,始见有草原的模样。但那也不是我心中的草原,于是又去了呼和浩特、包头。知道中国的草原呼伦贝尔最美、最好,也知道鄂尔多斯草原的壮观奇美,但由于时间与线路的限制,还是选择了呼和浩特与包头之间北部的希拉穆仁大草原。

人心苦不足啊,太贪婪了。不但想看真正的大草原,还想一石多鸟,不肯放弃有"三娘子城"之称的呼市,一定要去看看大召寺与昭君墓;还想一观哈素海一带的"敕勒川,阴山下";还想去大青山下的鹿城、钢城包头,那里是我上小学的地方。父亲曾参建包头钢铁公司,在20世纪50年代末我曾随父亲在包头居住过两年,还记得青山区职工子弟小学的校名和当初简陋的城市与大青山的模样。此次适逢小女休假,便开车拉着我们西行去大草原采风。小女方舟还想看看她少年时代曾去过的响沙湾,于是目标草原便选定了与主线路较近的希拉穆仁。

希拉穆仁草原在呼和浩特西北50公里左近的达尔罕茂明安联合旗希拉穆仁镇一带。出呼市向西北,进入大青山的腹地直入阴山,真深真美呀,拍了不少照片。过北魏名城武川县城后,便走出了大山进入了草原带。继续西北行,在希拉穆仁镇周边,便到处是草原旅游景点。从没见过那么大的蒙古包群落,但当地人却说:我们现在不住帐篷了,这些都是给外来人住的。但外来人又有多少会住进这些帐篷呢?这些大大小小的景点周围多是供游人乘用的马匹与小型机动车。望着那些鞴着鞍镫拴在木桩上的马群,心中有一种说不出来的滋味,有悲哀也有庆幸:这些草原神骏的祖先曾经如出水蛟龙、下山猛虎,驰下蒙古高原,驰骋世界。而

大青山深处景观

希拉穆仁镇草原景观

第十六集 「父亲的草原」：那些泪落如雨的歌谣还会唱多久

今随着最后的骑兵退出,机械化热兵器时代的到来,随着农耕机械的普及,马匹的"剩余价值"似乎只有供人玩乐一途了。而值得庆幸的是,也许正因了草原旅游业的发展与竞技业的存在,才能使这个四足生命中最为骏美、与人类关系最为密切的物种,不至于走向绝种吧。再美的事物也都必有一个终结,而一旦遭际时过境迁,便成了废物。

站在希拉穆仁大草原的天空下,终于得到了一种满足。这才是真正的草原,这才是我所想望的那种草原,这才是真正的绿色世界。海洋与草原,在天空与大地之间还有什么比它们更为辽阔博大的胸襟怀抱呢?

当我们放眼眺望蓝天下的大草原时,那种心旷神怡的感觉,是你在城市生活中永远也感受不到的。望着天高云淡,望着一绿无垠辽阔无边的大草原,沐浴着初秋的阳光与拂面徐来的草原风,耳边不由自主地又回响起那些动人肝肠的草原歌声:"我爱你,我的家,我的家,我的天堂。"这也许是所有蒙古人的心声。

草原人有草原人的欢乐,但草原也有草原的忧伤。当我们低下头来看那草地时,无法不忧从中来。稀疏且高不盈尺的原上草,竟然遮不住土地,就像古稀老人的发际颅顶,又像是一只患了脱毛病直见毛皮的瘦羊。一位当地的姑娘跑过来说:"骑我们的马吧,我会拉你去看有一尺深的草地。"看来,这片大草原上的草,一尺也许就是它高度的上限了吧。据有关资料称,内蒙古草原牧草的平均高度,已由20世纪70年代的70厘米,下降到了如今的25厘米,昔日的"风吹草低见牛羊",已变成了"老鼠爬过现脊梁"。而笔者所到的草原,蚂蚱都无藏身之地,徒手可捉。

我想起了一句流行语:"我曾拥有过乌黑的头发,如今快要秃顶了。"想起了《衰老的人间》:"犁锋把我心爱的草原,画出了一道道皱纹,羊群和马群失去了牧场,流落在外。有朝一日我的白首,埋进沙丘的时候,当心你的犁耙,不要把我撞了个粉碎。"想起《苍鹰》:"啊,席热图的草原啊,你望不到边啊,那苍鹰吃力的嘶叫,回荡在天空,它的泪水依然干涸,它的鲜血却无法凝固,它那布满血丝的眼里,含着无尽的悲伤。"大草原泪飞如雨的哀伤。

显然,这里的草原在十分明显地退化,尽管到处是柱网式围栏,几乎把所有草原分割围护起来，但也依然是一片衰草连天难遮地。而且在草原上随处可见巨大的侵蚀沟，足证草原上的草密度已失去了水土保持的功能，这是草原走向沙化的开始。可怕的是这并非局部现象，由于地球变暖与盲目"发展"的双重天灾人祸，我国的草原沙化、退化，一点点走向荒漠化已是一种普遍的现象。据2013年网文《我国草原沙化情况》所称：内蒙古草原退化面积已占可利用草原面积的60%。鄂尔多斯大草原退化率高达68%，在世界上以草质质量最好而著称的呼伦贝尔大草原的退化面积也达到24%。与内蒙古大漠邻近的锡林郭勒盟草原沙化严重；阿拉善左旗荒漠、半荒漠的沙化草地已占其草地的96.9%；在世界上以典型草甸草原著名的东乌珠穆沁旗草场退化面积已高达66%，而且何止于此？北方沙尘暴的发起地，已从与新疆、甘肃和宁夏回族自治区接界的阿拉善及巴彦淖尔地区，向东转移到乌兰察布与锡林郭勒地区，这里距北京只有几百公里之遥了。而且在2004年3月27日，内蒙古曾经发生过"黑沙暴"，造成巨大损失。据当年一些记者的文章谈：黑沙暴发生在锡林郭勒草原上的东乌珠穆沁旗与锡林浩特的广大地区。先是一片黄色从远方袭来，继而天空变成红色，又变成黑色。此时能见度等于零，汽车的灯光等于碰壁而无一点穿透，白天变成了黑夜。查看了一些"黑沙暴"的图片，旋风卷挟着滚滚的沙尘铺天席地而来，真是骇人惊心。

　　北京人最讨厌霾，但黑沙暴的危害似乎更大得多。美国在20世纪30年代发生过一次黑沙暴。自1860年起，美国鼓励人们开发西部大草原，大量移民开荒90万平方公里，又由于农场主毫无节制地开垦处女地，扩种"一战"后价格奇高的小麦，严重破坏了地表植被，结果爆发了一场刮了三天三夜的黑沙暴。1934年5月，在美国2/3的土地上形成了一道高3000米、长144万米、宽40万米的沙尘带，致使2000万公顷的草原地表，被揭走了1米厚的壤土，3亿多吨土壤被刮入大西洋数百公里外。风暴所过之处无一剩存之物全部被毁，连河流的水都被席卷净尽。结果导致全国农业减产5%，16万农民倾家荡产被迫离开草原。惨痛的教训迫使美国政府采取综合措施防治沙尘暴，沙漠土地拥有者与房屋主人不采取防沙措施的，每天罚金500美元。5年内退耕休牧返草还林面积高达

1500万公顷，使全美土壤侵蚀面积减少40%，并营造了一条宽度达一百多公里纵贯美国的防沙林带，这才有效地抑制了沙尘暴的发生。

人类的历史是由人类自己来书写的，对吗？一旦我们去溯本求源就会发现，人类的历史在许多时候和许多方面，都是由大自然来代笔的。如果没有6000万年前的那场物种大灭绝，人类就没有登上历史舞台的机遇与生存空间。说上帝用他手中的圆规，在宇宙空间中画了个圈儿，让人类居住，但不应该忘记的是和我们原始祖先一同出现在地球上的还有小古猫和野草。说近一点儿的，5000年以来，北京地区的历史上为什么会有那么多的游牧民族来游来牧？因为这里正处于至今仍属世界上最佳的奶源纬度带内蒙古大草原的边缘带上，最适合放牧牛羊。但这里为什么没有狮虎与长颈鹿？因为这里是低草草原，地势平坦，又没有金合欢，它们无处藏身也没吃的。

笔者始终是个绝对的人类主体论者，人就是为打破而生的啊。但人在大自然的面前是无以妄自尊大的；就是在人类自我族群所构成的社会面前，也还是各安天分的好。马基雅维利在他的《佛罗伦萨史》中就讲过：当人们在砸开了自己的枷锁后，常常会发现双手已是鲜血淋漓。其实，若仅此倒还好。

讲这些话绝无意否定人在自然条件下的主观能动性，实在是因这种能动性已膨胀为对大自然的蔑视与破坏。而且让人触目惊心的则是大燕山所受到采石业的破坏，在大山深处会随时看到大山被断臂剥皮切割而裸露的巨大伤口。

中国历史极大的特殊性，便是几千年来一以贯之的两种文明的内部冲突：北方游牧文明与中原农耕文明的战争，就如同北欧的海盗文明与整个西欧文明之间的冲突。这种现象不是哪方面的黑白是非的主观意愿，更不可以用先进与落后来论定，而是自然史对中国历史的一种给定、一种宿命。而在这种宿命给定的冲突中，北京地区首当其冲，因为它正处于这两种历史文明的交汇中枢。

人类有史以来，无论哪个民族、国家的存在与变化，都无法摆脱这种自然的给定。谁都无法摆脱两个制约：其一，水平自然带条件造成的生态环境；其二，垂直自然带条件造成的生态环境。前者由所处经纬度决定，后者由海拔高度与山脉南北方位所决定。而在传统史学中这一点不但常常被忽略，甚至被泯灭。所以我们在历史上所见到的都是政治、经济、文化、体制、制度、人治、法制，而很少论及它们如何形成。而那些被忽略的事物，恰恰都是人类的致命伤。

北京地区的历史地位与发展状态，同样要受到这两个自然带条件的制约。大自然在北半球的北纬40°～60°之间，造设了一个西起东欧大草原，东至我国东北，横亘欧亚大陆东西0.8万余公里的草原带。在这个草原带上，南部属于温带草原带，再向南便是温带阔叶林带，向北则是荒漠干旱草原带。在这片土地上为什么遍布着游牧族群？因为在原始生产力条件下，那里并不适合农耕，所以那里的人们只能以渔猎放牧为生，也只能逐水草而居，只能以肉、奶、野生植物为食。但这些都不足以为生。人类古代社会的所有战争，无非都是一种生存资源的争夺。无以生存的必然要努力生存，得以生存的必然要努力去改变自己的生存状态。人类的所有历史活动，似乎都由这种为生存与发展而占有的欲望所支配。而可悲处在于大自然创造了人类，也为他准备了足以生存的资源，但它并没有为人类提供一种合理的资源配置与分配机制，而人类又没有进化到创造出这种机制能力的历史阶段，于是便奉行起动物界的丛林法则，用战争来解决问题。所以，我们翻开人类的历史，似乎每一页都是战争。北京地区的历史也同样，笔者在写作本书中也自然规避不了战争。

北京地区得天独厚的天赋遗赠，则是它所处的自然地理环境。它处于环球草原带上生存条件最为优越的温带草原带的南缘与农耕文明较为富足的华北平原北缘的北纬40°线上，东经110°～120°之间的三北平原的中枢。又处于水平自然带的内蒙古高原坝下，垂直自然带的燕山阳坡之下，又有充足的河流和海洋资源。这种地位决定了它的植被、气温、土质，既适合农耕又适合放牧，也足可兼收渔盐之利。而且这些自然条件又为它创造了无与伦比的自然景观。所以这里不仅自古以来，便是农耕与游牧族群的聚居地，同时也是互争之地，而且渐成了北方乃至全国的政治、文化中心，并且成为今日的旅游之地。但北京地区草原地带的消失，北邻内蒙古草原的严重退化、沙化，沙尘暴起源由西向东的日益逼近，已然不止一次地向它敲响了警钟。人类若不能保护好自己的生态环境，怎么会有一个良好的生存状态？如果我们连首都的生态环境都保护不了，又谈何全国兴旺繁荣，谈什么梦？

草原退化、沙化现象不只内蒙古，也不只我国，与地球气候自工业化时代以来的变暖有很大关系。但人为的破坏因素远大于自然的破坏力。首先是滥垦。据黑、蒙、甘、新4省区调查：1986—1996年10年间毁草垦地近200万公顷，其中近50%已沙化被迫撂荒。其次是滥牧。沙区草场的放牧超载率最高达300%，牧草根本长不起来，供不上吃，且导致了草原的退化、沙化。再次是滥采。采药材、采矿掘沙，严重破坏草原植被。阿拉善盟挖发菜的农牧民达10万人众，几年内破坏草原植被达1300万公顷，400万公顷已沙化。

30年来，中国的一切都已经改变，中国人真的富起来了，但以山川、河流、草原的退化、衰竭乃至毁灭为代价，怎么说也不是一件好事。大自然是有报复力的，黑沙暴只是一种看得见的报复方式，谁知道天公地母正在或预谋着怎样报复伤害它的人类呢？只知道注重当前经济指标的官员绝非好领导，只知道不择手段搂钱的公民绝非好公民。当父亲的草原母亲的河一旦被毁灭，人类也许不止于成为可怜的孤儿弃子吧？

希拉穆仁草原真的是很伟大，尽管它已一身瘠瘦得皮包骨都很勉强，尽管它已是一脸的疲惫不堪，但仍竭尽全力向来这里探视它的游子们，展示着父亲般的慈爱和宽广的胸襟而毫无保留。站在那片高岗草地上，又想起了《父亲和我》这首歌谣。歌中唱道："是你创造了这个家，然后又创造了我。是你拉着我的手，从昨天走到现在……当你拖着疲惫的身躯结束了一天的劳动，当你走进这属于你的家，关心的还是我回来没回来……你将永远牵着我的手，走向没有尽头的未来。"然而，今日在我们面前的"父亲的草原母亲的河"都已瘠瘦不堪，日现衰老枯竭，我们还要继续不知厌足地在它们身上"啃老"吗？！就让我们都来为"父亲的草原母亲的河"，能够牵着我们的手到永远而努力吧！

不觉一声长长的叹息，而不知为了什么。

也许我们无须悲观，后来的多次草原之行，发现各地的人们，绿色意识在不断地强化，有的县区为了保护草原，进行全境禁牧；有的则到处围起了草库仑；有的地区则在更高的层次上，开始转变草原牧区人们的经济发展方式与生活方式；还有的把还草固沙保护北京一类的大字块嵌到了大山上。"绿水青山就是金山银山"的口号，已不只震响在各级官员口中。这是历史的进步，也是我们的希望点所在。还是让我们以春天的眼光来播种，以夏天的眼光来耕耘，以秋天的眼光来等待吧！相信我们的祖国一定会更美好，因为我们是中国！

一、内蒙古希拉穆仁大草原景观组图

草原上的敖包堆

希拉穆仁镇草原景观

草原上泛黄的牧草

乌兰察布到张家口高速公路旁的山原地貌景观（一）

乌兰察布到张家口高速公路旁的山原地貌景观（二）

乌兰察布到张家口高速公路旁的山原地貌景观（三）

二、克什克腾旗贡格尔大草原与达里湖曼陀山景观组图

从克什克腾旗经棚镇到锡林郭勒的303国道旁的贡格尔草原景观

达里湖东南岸的贡格尔草原牧羊人

从东北部流入达里湖的贡格尔河

8月中旬贡格尔草原景观（一）

8月中旬贡格尔草原景观（二）

8月中旬贡格尔草原景观（三）

达里湖南岸曼陀山的岩层景观

曼陀山顶俯拍湖南岸的湿地草地

曼陀山下小镇黄昏的晚霞烧天

第十六集 『父亲的草原』：那些泪落如雨的歌谣还会唱多久

鲁王城东草地景观

大草原上的鲁王城遗址

三、克什克腾旗乌兰布统大草原景观组图

雨后的五彩山,《还珠格格》拍摄地

观景台下的马群

桦树林前吃草的骏马

草原壮美的景色

雨后的蘑菇圈

将军泡子前的野鸭湖

野鸭湖前令人难以置信的一步飞跃"乌兰布统江"

远处的村庄,就是当年康熙征讨葛尔丹的大军驻营地遗址所在——十二座连营

十二连营仅有的标志

画面中间横陈的那道灌木线下便是吐力根河,当年两岸都是征讨葛尔丹的清军大营

公主湖景观

公主湖地处浑善达克沙地南缘,沙包上长满了桦树林

遍地黄花的大草原：站在这片当年的连营遗址上虽然满眼亮丽，却让人想起了大唐李华《吊古战场文》中的天阴鬼哭、惊沙入面、利镞穿骨、血满长城之窟。古往今来发动一场血腥而破坏力无穷的战争，是多么容易的一件事

草地上的蒙古马：虽然几乎都是一样的矮小，却是个了不起的战斗品种，下山如虎，它们的祖先曾横绝欧亚大陆

湖边的古木

吃水果的"大眼贼"土拨鼠

乌兰布统草原以北公路边的大片油菜花田

四、多伦至丰宁坝上草原景观组图

丰宁北坝上草原景观（一）

丰宁北坝上草原景观（二）

丰宁北坝上草原景观（三）

第十六集 『父亲的草原』：那些泪落如雨的歌谣还会唱多久

大滩镇南的山地景观（一）

大滩镇南的山地景观（二）

张北坝上草原景观

坝上草原的蓝刺头

第十六集 「父亲的草原」：那些泪落如雨的歌谣还会唱多久

五、正蓝旗金莲川大草原景观组图

从沽源到正蓝旗间的草原景观，沽源南的湖泊湿地

闪电河一号桥周边的草原河景观

正蓝旗南部草原景观

正蓝旗东北金莲川大草原上的敖包山

金莲川草原景观

第十六集 「父亲的草原」：那些泪落如雨的歌谣还会唱多久

上都河（闪电河元上都遗址段）草原景观（一）

上都河（闪电河元上都遗址段）草原景观（二）

上都河（闪电河元上都遗址段）草原景观（三）

上都河（闪电河元上都遗址段）草原景观（四）

上都河（闪电河元上都遗址段）草原景观（五）

元上都古城南门遗址

第十六集 『父亲的草原』：那些泪落如雨的歌谣还会唱多久

六、沽源转佛山滦河神韵草原河景观组图

沽源县城东南部闪电湖大门

闪电湖草原景观

转佛山景区山门,在山顶可见著名的草原河蛇曲弯

转佛山下的寺庙

转佛山东近的马王庙村与草原上的菜地

马王庙村农家院院内的花园兼菜园

转佛山西面的草原湖

闪电河转佛山下西南方蛇曲弯

闪电河转佛山下东南方蛇曲弯

第十六集 『父亲的草原』：那些泪落如雨的歌谣还会唱多久

第十七集　沙漠：我喜欢，"因为是我自己的心"

——京北"四沙"采风素描小谈沙漠成因与福音

沙漠中我看见一个动物，赤裸、野性，
它，蹲坐在地上，
双手捧着自己的心，
啃咬着。
"好吃吗，朋友？"我问道。
"很苦，很苦，"他说，
"可我喜欢，
因为它苦，
因为是我自己的心。"

在我的面前，
连绵数里的
白雪、冰凌和燃烧的沙滩。
然而透过这一切，我能看到
一个美丽无比的世界；
看到她在树荫下漫步的
美丽倩影。
…………
这时又出现了
连绵不断的
白雪、冰凌和燃烧的沙滩。

——节录自〔美〕斯蒂芬·克莱恩《黑色骑士及其他诗行》

沙漠，是古人风景描写与北方军旅战争素描的对象，而在现当代则被引申至生命美学领域的咏叹。尤其是大漠中的人文传奇与沙生植物的生命现象，常常引发人们对生存哲学的深度思考。在中国现当代文坛上对沙漠有过最多诗文精彩描写和抒情的，似乎莫过于被国际诗人笔会授奖为"中国当代诗魂"的雷抒雁前辈。

中国人如此，美国人似也同样。人之所以称为类，就足证自有许多相同之处。前面所引的那段诗，便出自美国的克莱恩之手。

斯蒂芬·克莱恩是美国著名的现代主义作家，生于1871年，卒于1900年。他是一位英国殖民者的后裔，父亲是牧师，母亲是教士之女。克莱恩是两夫妇的第14个孩子，母亲生他之前还过早失去了4个子女。身体十分虚弱的克莱恩有着较高的文学天赋，十几岁便开始文学创作。上过两所大学，因为不学课程只专心于创作，都不得毕业，却在小说、诗歌两方面获得卓越的成就与"先驱"地位。1900年才29岁的克莱恩便病逝于德国。这个家族是个接连发生不幸，不被上帝祝福的家族。用了他的诗，便当引介其人。还是来看我们的沙漠——

前些年去埃及，曾有机会在飞机上目睹了撒哈拉大沙漠，为其广漠及奇特的地理景观所震撼。恰好坐在靠舷窗的A座上，拍了不少照片，只是傻瓜相机太傻了，照片很不清晰。后来又亲睹过乌鲁木齐至火焰山一带的大戈壁滩；去了敦煌的月亮湾沙漠，还有包头西库布齐沙漠的响沙湾沙漠。摇人心旌、动人肝魄的不只是在阳光下闪耀着金光银波的"沙"之诱惑，也不是"漠"的辽阔无涯、荒芜空寂，最让人感动的还是那些在沙漠中世代坚守的先锋植物。种种坚强不屈的生命现象，合构了世界上最强大的一种生存哲学，足以改变我们的人生观。这是对沙漠的"我喜欢"所在。

对于北京人而言，谈沙漠似乎都是"在那遥远的地方"，谁也想不到北京就在沙漠的身旁，或者说在北京身旁，沙漠并不罕见。北京真的是"什么都不缺少"，上帝在为它预置了大河、海洋、冰川、火山的同时，连为它配置几块沙漠的事都没忘记。也许是作为一个5000年文明古国的首都，不该让它缺少这样一种催人警醒的诗意吧。

一、沙漠：大自然对诗人的一种厚重馈赠

沙漠，自古以来，似乎便是荒凉与苦难的代名词，且被视为生命的禁区。但人类也许从远古洪荒中一路走来，已经历了太多的苦难，在世代与种种围剿生命的力量拼争中，反倒培植起了一种对悲苦、苍凉、孤荒的审美倾向。因而，沙漠这种被生态学、地质学都视为人类生存危机的形态，却不知引来多少风人骚客的千古咏叹与美赞。这一类的诗篇似乎尤以唐代为盛，以至形成了以沙漠为主题的边塞诗、边塞诗人。

描写沙漠景物最著名的，当数王维的"大漠孤烟直，长河落日圆"；李益的"回乐烽前沙似雪，受降城外月如霜"；李贺的"大漠沙如雪，燕山月似钩"；还有高适的"大漠穷秋塞草腓，孤城落日斗兵稀""边城何萧条，白日黄云昏"；岑参的"穷荒绝漠鸟不飞，万碛千山梦犹懒"；齐己的"草上孤城白，沙翻大漠黄"；崔融的"关头落月横西岭，塞下凝云断北荒。漠漠边尘飞众鸟，昏昏朔气聚群羊"；杜甫的"一去紫台连朔漠，独留青冢向黄昏"；白居易的"昼伏宵行经大漠，云阴月黑风沙恶"等诸多诗句，都是对沙漠景色风物出色的描写。

唐人对沙漠的咏叹多与战争有关，经唐之世近3000年间，似乎便从未断绝三北战事。而这些战争多发生在大漠四边，自西北而东北的万里草原带上，初唐有东西突厥乃至中亚、西亚部族不断犯边；中唐有契丹、库莫奚大肆掳掠；中晚唐又有匈奴残部各支南下，所以，这个时代的大漠诗与三北战事相关也便是自然。而且对于沙漠风物的描写多是对战争感叹抒写的附丽。如前面李益那两句对大漠中受降城外景色所进行的画面感极强的描写，就是为后两句"不知何处吹芦管，一夜征人尽望乡"服务的，其艺术手法的高超，令笔者少年时读过，便终生一字不忘。还有王昌龄的"大漠风尘日色昏，红旗半卷出辕门"同样令人过目不忘。而中唐开元英主唐玄宗的"鼓角雄山野，龙蛇入战场。流膏润沙漠，溅血染锋铓"，虽已时逾千余年，但至今仍飘散着一股浓浓的血腥味儿。

在唐人的大漠诗中，有多处提到了"燕山"、"蓟中"、"蓟壖"、"卢龙塞"、"卢谷"，这便直接写到了京北的长城内外。而在近现当代，则很

京北军都山阴官厅水库南的"天漠"沙丘景观

艰难生存的沙漠先锋植物

少有人会把北京与沙漠连在一起。其实北京离沙漠很近。笔者所亲睹的京北沙漠便有四处：其一，居庸关外军都山阴官厅水库之南G6京张高速路西的"天漠"沙丘；其二，多伦南丰宁北的北京大通道东侧的"布拉格"沙丘；其三，内蒙古克什克腾旗西北部一直南延至多伦的浑善达克沙地；其四，西拉木伦河经棚镇南几十公里处的上湾子河段两岸连绵的大沙丘。

笔者所历京北四块沙地虽大小不一，除浑善达克大沙地为我国十大沙地之一外，其他三处都是一地、一丘。但有一个共同的特点：都是影响北京的较近沙漠，而且都已成为固定沙丘，其上的植被足以锁沙、防漠，且为人们展示了沙漠先锋植物的生命奇观。谁会想到在以围剿生命为天职的黄沙之上，竟会有如此美丽的生命绽放？

我是十分酷爱诗歌的，古歌谣、精彩的民歌、《诗经》《楚辞》、唐宋诗词、元曲，都是我所爱。克莱恩说他喜欢沙漠，那是他自己的心。但我要说的是诗，我喜欢，因为它能俘虏我的心。10年"文化大革命"期间无书可读，东鳞西爪地竟然手抄了600余首古诗词，许多都能背下来。后来又花了近10年工夫去探求楚辞源流，发现楚辞的生命力那么强大，竟然在历史上流延成一种骚体文学，收集到了上百万字，印行了五大册，而且毫未滞销。但对新诗也未曾冷漠，只是不读民国才子佳人的。"文化大革命"后参加工作，在微薄的工资中，年年都要自费订阅《人民文学》《诗刊》《星星诗刊》，但越读越没味，便一种不订、一首不读了。宁可去读《革命烈士诗抄》。但也还记得真正的诗人雷抒雁、叶文福、北岛、舒婷的名字。记得叶文福，则是由于那首《醒来吧，沙漠》，他要把大地挖出一只耳朵，扯着喊：醒来吧，沙漠。他敢对将军说不。记得雷抒雁，则自然因那棵催人泪下的"小草"，他众多的沙漠诗文，隽永而极富哲理与诗味。尽管文化沙漠时代是不产生诗的，但沙漠的存在不只提供沙源，也是一种极有开采价值的诗文富矿。而一个时代若是连容得下诗存在的"沙坑"都没有了，或者是半死不活的，那只能说明两个问题：一个是民族情感世界的整体沙漠化；一个是那些顶戴着诗人桂冠的群体，已经与时代向隅而背，滥竽充数或徒挂羊头。而我绝不相信的是，如此泱泱大国中华民族没有了对诗的文化需求。但沙漠对人类生存的影响是不能无视的,我们还是来谈沙漠吧,此地不是论诗处。

二、天漠:深藏在青山绿水间的"飞来峰"

青年时代曾去过杭州西湖边上的飞来峰,传说1600多年前,有一位印度僧人游至此处,看到此峰便讲:"这是天竺国灵鹫山之小岭,不知何以飞来此处?"因而便有飞来峰与灵鹫峰的山名流传。

还有一段传说是:灵隐寺中的疯僧济公一日心血来潮,掐指一算知有一山飞来近寺小村,便跑入村中劝村人马上离开。但没人信疯僧的疯语谁也不走。济公急得不行,适逢村中一户人家正迎娶新娘,济公闯入新房背起新娘便跑,全村的人都被招引得从后面追。村人追出村后,便有一山从空中轰然落于此村。于是人们便称此山为飞来峰。

在京北也有一座至今不知究竟的"飞来峰",被称为"天漠",此漠难以称漠,只是不大的两个大沙丘,分为东西二丘。这两座沙丘高不过十余米,长不过几百米,占地千余亩而已。但此沙丘奇便奇在周围至少百里之内无沙相关,而专家学者亦不知其因何生成,因而便称之为"天漠",也戏称其为"飞来"。

这片"天漠"是离北京最近的沙丘,只有八九十公里。过了居庸关、八达岭,沿G6公路行至东花园镇处,转入457县道西行。过了怀来县官厅南边的小南辛堡镇,到了大古城村东路南不远处的岔道口,向南转入小乡道。走西面的小道便可直达西丘;走东面的小道,要向东南拐入怀来县小南辛堡镇的龙宝山村南山脚处,便是被当作影视基地的东丘。

天漠大沙丘的南面便是军都山阴脚下;北面便是官厅水库的桥西水面,宽阔的妫水河谷。真是奇了,在这片青山绿水间,怎么会那般突兀拔地而起两座大沙丘呢?说是天外飞来一点都不过分。

这座天漠沙丘虽然不大,但奇绝之处多了。首先便是它的"飞来"之奇,其次是它的稳定性。它与一般固定沙丘不同,完全是一片赤裸的流沙形态,但你站在丘顶上,就如同站在响沙湾、月亮湾这些西北大沙漠上一样,没什么不同。但它不流动,不变形,不增不减,而且边缘十分清晰,绝无拖泥带水，仿佛地涌金莲般从地下冒出来的，与周边的谷地分野一清二楚，毫无互相染指漫漶之处。

"天漠"沙丘的金沙景观

这里的沙质绝对精良，纯粹黄沙细腻而颗粒分明，远胜似笔者所见过的大沙漠。细沙在阳光下闪闪发光，称得上是最纯的金沙。微风吹来沙面像平湖微波细纹在悄悄滚动，但不起半点风尘，沙粒只在丘上轻轻流动，尤以西丘的沙质最为纯美。东丘则给人一种荒凉的感觉，那里的沙丘偏于东南，西侧南侧就在军都山阴的山根下，由影视基地建起了古堡、墙垣、废墟等景观，给人一种大漠荒沙之感，平添不少苍凉。

沙丘上虽然裸无植被，只在边缘处生长着一些沙漠先锋植物，但有一种十分特别的白杨，在根部遍生地上气根，像蛛网一样匍匐在丘边之上，地下的串根则生长着一排排新生的小树苗，就如同压干培植杨树的形态，美极了。这种生存方式真是很少见。西丘西南角的沙壁边缘上的一棵杨树，已经根绝倒伏，但长达数米如线的地表气生根爬满身边，为它提供生命的养料，枝头上仍缀满了密密层层的碧叶。笔者查阅了多种植物图谱与绿化树种的书籍，均不见载有生气根的杨树。有人称为胡杨，而胡杨根本就不是这个样子。沙地植物顽强而奇特的生存能力真是让人赞叹不已。

沙丘植被景观

在沙丘东南西南，还有一道燕长城遗址，一座座残存的烽燧土台连绵不断，在遍地的山杨、杏树、果园、灌木荒草丛中，从东西逶迤而来，直爬上西面的山顶。加之一脉青翠的军都山高耸在丘南，丘北一湖清澈蔚蓝的官厅水库碧波，中间点缀着一抹金沙熠熠。不绝如缕的游人赤足登上丘顶，在沙间跳跃、狂奔，玩滑沙，在两丘大月牙弯下的半沙半戈壁的空间上开着卡丁车……

沙漠，也许不只是为害人间的"害虫"。有道是匠人不造废物，那么大自然造物无言却有情，也信非虚言了。

三、浑善达克：集天下"四美俱"的塞外"沙漠花园"

浑善达克被称为中国十大沙漠沙地之一，可是查遍游旅者网文都是如此一抄，竟无一人说出这十大沙地都是哪里，我也只有如此一抄。但千万别以为它是沙漠。它大概是锡林郭勒沙漠中的一块沙地。沙地与沙漠是不同的。沙漠是指无水无植被固定的流动沙海，沙地则是有水、有植被的固定沙丘地貌。

浑善达克又是什么意思呢？把《内蒙古蒙语地名的意义》一文中的解释抄来，供读者参考："浑善达克系蒙古语温沁达嘎之讹传，意为孤驹。相传成吉思汗西征经此沙地时，乘马为其最心爱的孤驹，故名。"而克什克腾的汉义也与成吉思汗有关，是成吉思汗亲兵卫队的旗号。锡林郭勒则是高原河的意思。

浑善达克沙地位于锡林郭勒草原的东南部，克什克腾旗的西北部与南部。距离北京的直线距离仅180公里。但若由西部张家口与东部承德两条大弓背线行走，便遥至500~600公里。如今有了由怀柔、丰宁、多伦直达克什克腾旗南部乌兰布统草原的北京通道的修建，便近多了。

浑善达克沙地平均海拔超过千米，行驶在这里任何一块平地上，都相当于行走在千米高山之巅。这是内蒙古坝上高原的最低高度了。总面积有5万多平方公里。从张北至锡林浩特的027公路向东北进入桑根达来收费站，就随处可见这种沙地景观。向北直到达里湖，向南则延及乌兰布统草原乃至其南的多伦境内，向东则直到经棚镇一带，东北则与白音敖包沙地相间无几。这些都非地学划定，而是笔者所见，姑妄言之。

浑善达克沙地大约形成于200万年前后的第四纪，或更早一些的第三纪。地质学对于地层划分纪年无绝对的标准，都是大体上，不同说法的差距似乎千百万年都不算错。浑善达克沙地形成的历史有几百万年了。形成的原因是多方面的，早期是由气候冷热、降雨量、风力等自然因素的急剧变化，导致地表植被的破坏、毁灭而地表沙化、风化。晚期则由于放牧过载、樵采过度及垦荒造成的植被破坏。而这片土地上有幸于河流、湖泊的众多，沙化的地表又有疏林及多种沙漠先锋植物群落与高原草甸的衍生，才形成了固定的沙丘。

浑善达克沙丘的颜色也丰富多彩，有金色的，有浅粉色的，也有赭红色的。配以绿色的林草，各色草原、沙地花木，十分漂亮。笔者是从张北、太仆寺旗一线，过桑根达来进入克什克腾旗的，沿105省道去达里湖。一路上公路两旁的沙丘一座连着一座。夜宿于路北的浩来呼热乡政府所在地好鲁库小镇。次日黎明大雨滂沱，笔者冒雨钻入路边的加油站大棚下，去拍雨中的小镇沙丘。天光大亮日出时分,雨停了,便跑去路南的沙丘下拍照。丘坡下的小灌木花棒枝头开满了粉红色的豆科花,枝头上的水珠已多于花朵,在清晨天光的照耀下闪闪发光,一丛丛花棒树,变成了水晶玲珑。还有刚刚落花结角的灰绿色锦鸡儿,遍地不知名的野花都在盛开,被一场大雨溅洗得万般娇艳。

作者与花棒丛合影

早餐后离开了浩来呼热,沿105公路向东北行了几公里后,又停车在一个高岗处,四望观赏这片沙地王国。四面沙丘连绵有如星罗棋布,但一点也没有荒凉的味道。这沙地与沙漠自是不同,笔者去过敦煌的月亮湾大沙漠,也去过包头西南的响沙湾,到处是黄沙漫天。而这里却是于一片葱茏碧绿中,点染着一抹抹一弯弯黄沙、粉沙,一直跑了几十公里都望不到边的大沙丘。到了一个叫地理井子的地方,驱车拐入路南的一个小村北的大沙丘上,算是饱览了一次这片沙地的大景观。其美矣无愧于"塞北江南""沙漠花园"的民间称谓,还是用图片语言来与大家分享这片高原美景吧。

雨后"良辰",沙地"美景",金丘"赏心",沙花"悦目",天底下这"四难并"在浑善达克沙地都实现"四美俱"了。只可惜时间关系,无缘尽饱眼福了。

四、上湾子沙丘的"花仙子"与天然盆景

沙地在克什克腾旗，并不止于浑善达克沙地，或者说浑善达克沙地这个概念是一种局限。在克什克腾旗一周的行程中，几乎处处可见不同的沙地景观。甚至可以说整个克什克腾旗便是一片大沙地，幸赖于高原植被保护得好。如果地表那层薄薄的绿茵揭去，这里便是一片无边的大沙漠，而不只是沙地了。

不用科考，只从自然与人为所露出的处处地层剖面、丘体断面就可以如此判定。在这里，生命存在的条件，第一是植被，第二是植被，第三还是植被。保护了植被就是保护了我们的生命，保护了我们的生存资源，保护了我们的财产。

8月克什克腾旗之行，去经棚镇南寻找西拉木伦河大峡谷。这条黄色的河也许是个奇迹。出了经棚镇西南溯其上游，两岸尽是大沙丘，沙丘山原便是它的天然堤坝，高处绝不下于百米，也许由于河谷其深、河床之阔吧，才容得下高原百川，一条条平地流淌的草原河才汇入它的主流，成其远大；虽发源于沙地之中，流于沙地之中，却没有遭际到科罗拉多河的命运，得以在大辽河的接引下，流入了渤海。襟怀与流向际遇，似乎决定了它的命运。

顺着沿河公路西南行了几十公里后，到了龙口漂流与东南的上湾子河段，上湾子是个宏大的一级水库，河面特别开阔。两岸的大沙丘沙陵高高在上，要爬下几层陡坎才能下到河边。南岸河滩、沙坡上的植被真是美极了。河边古木丛生，与一片片馒头柳及茂密的沙棘灌木丛高低搭配，在碧绿河水与对面黄色、红褐色的大沙丘沙坝的陪衬下，形成一道天然美景。一二百米长的大沙坡上长满了沙榆、花棒、锦鸡儿等各色沙漠植物，开满了金黄、蓝色、白色的沙地山花。这种由自然构筑的大花园的天然美韵，是在任何城市人工花园中都无法领略到的。

在这座大花园中有两位"花仙子"十分令人钟爱。一位是蓝色花仙，

西拉木伦河河湾处壮美的大沙丘沙坝

艰难生存的沙漠先锋植物

细长的花葶上摇曳着一朵独出的天海交融的蔚蓝笑脸，笑得是那般灿烂而毫不妖冶。另一位便是"白衣花仙"。这位"花仙子"每株上都开满了数十团乃至数百团小得不能再小的花簇，就像一把雪白的花伞，但枝叶却扶疏瘦弱得可怜。地面上几片层生的倒披针形花叶，只有约10厘米长，却生出光棍树一样高达三五十厘米，却纤细如线的光杆花枝。枝枝向上无限分权，每枝各顶一片花团，形成一个与它的身高几乎相等的大花序。小花儿像樱花一样，雪白的花瓣中间一点胭脂色有如少女的红唇，各吐出一点蛋黄色的花蕊。不是千朵万朵压枝低，而常常被花伞压得植株倒伏。而且这些过盛的花朵也许耗尽了生命的能量，在花满枝头时节，下面几片可怜的小叶便焦枯死掉。但直到花枝也枯成了红色时，花儿仍在绽放。这种小花的绽放能力真是令人讶叹不已。望着那些倒伏在地叶焦枝枯而花儿仍面色如生的景象，真让人为之惋惜伤悯。

河边大沙丘上更令人叹为奇观的则是那些低矮的沙漠小灌木。在干燥得毫无水分可言的大沙坡上，一株株、一丛丛矮小得高不盈尺，也仍吐出一点动人的绿色；更为奇特的是，在那一点绿色下面，却是有如古柏般苍劲扭曲线条的根盘主干，尽管高长都不足盈尺，却表现出十分强烈的沧桑美，都有几十年乃至上百年的气象，株株都胜似园艺室中的微型盆景。而种种造型却绝非园艺所能胜似。好在那里远离都市、村邑，否则注定被劫掠一空了。

西拉木伦河一行，虽没有看到潢源的"源水头"，也没看到河水瀑布，但见了这里的"花仙子"与沙坡盆景也便足已。最能打动人心的，也许正是在艰难困苦中，努力生存、努力绽放的生命之美吧！

五、"布拉格"小沙湾：草原的伤疤也美如飞天

8月12日从克什克腾旗返京，由多伦城西的北京大通道南行，过了"多伦南"收费站十多公里处，见路边沙丘上竖着"布拉格民俗旅游景区"的招牌。两面青山遥峙，碧草连天，便停车小驻。

站在北京大通道上四望，南北通衢大道真是壮观气派，东西两座大

山壁立千仞，两山之间的谷地芳草有如绿绒大地毯席地而起，从公路边的谷底直漫过大山顶连云接天，这才是"好一派北国风光"啊！

　　一位驯马者在马背上策马飞驰，身后跟着一匹黑骏马，真是一匹神驹。骏马之神俊似乎完全表现在驰骋之间。这匹奋蹄扫尾、昂首扬鬃、从容奔驰的黑骏马迷住了我，一直目送它驰入草原深处的小村中。人言犬马之劳，马匹也许是人类最忠诚的朋友吧，耕田、拉车、代步、驰骋沙场救护主人……称得上是劳苦功高。只可惜随着社会的发展进步，它在获得了劳役解放的同时，被淘汰的命运也随之降临。但我相信它注定不会绝种，除了它的雄风、俊美仍有观赏价值外，人类与它的感情太深厚了。

　　没有去看民俗村，也没有去享受草原，更没有去攀山，只是把目光放在了路边的沙丘上。翻过小沙丘便是一片大沙坑，草原上的大沙坑，无异于草原的伤疤，但在万绿丛中，它无疑有着独特的审美价值。在沙坑的前边则是一片沙湾。南北两丘之间一道并不很大的沙谷，却有如天国的万花园。尽管四边都是草库仑的网柱牢密围定，我还是忍不住寻到最低处跨了进去。虽有些不安与汗颜，但挡不住"攫取"欲望的催动。美，似乎能诱人舍死向前，踏破种种道德樊篱的禁限。

沙地养护植被景观

沙丘沙谷间最抢眼的要数花棒与沙柳灌丛了。在京北沙地间,花棒很常见,但很少有如此茂密繁盛的,植株足有两米高,一丛竟有数米之广,密密层层的枝叶间缀满了粉色、黄色的"豌豆花",随着草原的风摇曳,翻滚着粉、黄、灰、绿相间的波浪。还有一种同属锦鸡儿的灰绿色小灌木小叶锦鸡儿,生得干干净净,枝间挂满了暗红色的"豆角",就像一位身着一袭翡翠绿长裙、挂着琥珀项链的美少女,亭亭玉立在沙坡上。还有一片枝叶极像野蔷薇的小灌木丛,枝头结满了红色小球果,虽然比小指甲盖儿要小,形态却极像月季花的种苞,应是蔷薇科的沙地植物吧。而一丛丛灰绿色的沙柳枝叶密不透风,有如一堵灰绿色的挡风墙,任草原风摔打着细长而柔韧的枝条,却是风沙不可逾越的沙障。

在这些沙地植物贵族群的下面,为整个沙丘、沙谷、沙湾覆盖了一层绿茵的,则是一片片的白茅草、黄白沙蒿和许多不知名的低矮沙地植物,万绿一心地把这块草原的伤疤,包裹得严严实实。而在一片花棒丛中留出的一小片空间上,竟然生长着一种"沙地白薇"——植株高不盈尺,半蔓生。矮小的植株上挂满了"老瓜瓢"——和白薇相同形状的梭形瓢果,所以姑且称它为"沙地白薇"吧,因为我实在不知道它的芳名。

沙地养护植被"白薇"

沙漠,并非天然的不毛之地,既然在这些沙土中可以生长如此品种繁多,且长势如此强盛的植物,把这些沙丘牢牢锁住,以人类强大的建设能力,沙漠的治理绝非可望而不可即的事。

在"布拉格"这片丰宁坝上北部的大草原上,引人注目的还有一面高山如画的"飞天壁画"。站在谷间沙丘上东望,远处那座大山就如一面碧绿的大墙,上面刻满了巨大的侵蚀沟与沙化的草原破坏面,但在巨大的绿茵覆盖下,这些巨大的伤疤不但显得微不足道,反而更像一个个长袖善舞衣带舒卷的飞天飘舞在山壁上。

尽管沙坑、侵蚀沟、沙化面,都是草原的伤疤,"不治将益深",但只要肯去治,所有的伤疤都会变成草原飞天、大地之画。正如我国当代诗坛著名金牌诗人雷抒雁所言:"每道伤疤都是诗。"

六、多伦鸳鸯河的复苏与孟子的"夜气说"

多伦县城东西有两条小河,合称鸳鸯河。恰巧笔者去过两次多伦,一次过东河,一次过西河。东河是水波浩渺水禽翔集令人赏心的青年湖,西河则是一片诱人悦目绿色植物全覆盖的湿地。

8月去克什克腾旗看乌兰布统草原,天降大雨,还是黄昏时分,本应住下,可是景区内的标间宿费猛涨到380元/晚。克什克腾旗有个"很黑村",村名就叫"很黑",觉得很好笑。可是在乌兰布统的两夜才感到很不好笑,这里确实很黑。一气之下便打马回城,可是到了塞罕坝想走505县道,坝主们非要买路钱,看了乌兰布统的票说内蒙古的到河北不好使。又冒雨返回将军泡子西面去多伦的岔道。那条路那个破啊,大雨下个不停,天上电闪雷鸣也不嫌累,地上路是坑坑洼洼,大货一辆接一辆会车,险象环生。路上遇到车祸时总是心生悲悯,可是遇到那么多毫无礼让之德与不道德的司机时,真是恨得恶向胆边生想揍他。好不容易蜗牛般爬到9点多才到了多伦,恰巧住在了鸳鸯西河岸边的一家旅店。

早晨起来天光大晴,踱到桥头散步,却见桥两侧绿茵重重。宽阔的河筒子间你就看不到空地,连河水也只能在树隙草丛间偶见。所有植物长得那个疯,就连最寻常的洋铁叶子(野生大黄)、剌菜(小蓟属)、黄蒿,一般长到一米就是高棵了。可是在这里却长得足有3米多高,花儿开得团团簇簇,雨后水洗般的清新漂亮。在出版专业上我总爱讲"品种决定论"——耗子怎么喂,也长不到牛那么大。但此时我不敢再讲此语,寻

鸳鸯河绿洲植物景观：晨雾弥漫中的鸳鸯河谷

鸳鸯河谷中的刺菜

第十七集　沙漠：我喜欢，『因为是我自己的心』

常蒿草都能长到3米多高,还敢说嘴吗?那黄蒿、荨麻、刺菜长得就像小树一般,不吓人但十分惊人。河柳丛竟然长成了一排排树坝。

到处寻访当地人询问河名,遇到一位退休的胡先生,是他告诉我叫鸳鸯河。在我感叹这片湿地难得时,他讲道:这里的河滩以前因为到处放牧,所以光秃秃的,什么都没有,连草根都被牛羊吃光了。这些年,政府禁牧,很快就成了绿地。他告诉我这里允许养牛,不允许养羊,因为羊啃草掠树,草吃没了便用蹄子刨草根,对草原破坏最大。老牛只靠舌头掠草,不祸害草,但牛也只是允许圈养,放牧也是有季节的。

听着胡先生的娓娓诉说,看着大桥南北绿茵如画,不禁想到了孟子对齐王讲述的"养气说"与"牛山草木论",太像了。他讲齐国国都城外的牛山原本是草木丰茂的,但是城里人建筑用材的采伐把树木砍光了,没多久树根又生出新的嫩芽,可是又有牛羊来啃光了。人为采伐与牛羊放牧的劫掠速度远大于草木恢复的速度,所以这座牛山才变得光秃秃的。

庄子讲养生,孟子讲养气,儒门讲扩充之道,如果今人能把养生养气之道,扩充到养山川养土地养草木上来,该有多好啊!

七、沙漠的成因与人类生存的福音

领略了京北几处沙地之美奂,便去探究沙漠的成因。增长了一些知识,也发现了一些专家、学者、御用文人的无耻谬论。

据说地球地表1/3都是沙漠,而美洲的考古发现,一处沉积的古沙海化石表明:地球上沙漠的存在,至少已有5亿年的历史。而世界最大沙漠撒哈拉沙漠的形成,却只是1万年以内的事。1.1万年前这里还是一片水草丰盛的游牧盛地。1万年前后、4000年前后、300年前后,这里的气候发生了几次大的改变。由于高温、缺雨,这里的植被遭到了毁灭性的破坏;而遍地江河湖泊干涸后裸露的湖底河床沉积物,便成了直接的沙漠。而近现代发生的高山石漠化、砾化、草原沙化,则与放牧过度、樵采过度、毁林毁草开荒相关。还有的由于地下石油、天然气的存在,也导致地表植被死亡沙化;还有人类开发矿藏行为的破坏。

科学家们大体上为我们揭示了沙漠的成因。但也有一些片面化的论说乃至谬论。有说风是沙尘暴的"始作俑者",那么我们不禁要问,风力之大有大过海上风暴的吗?哪些海上能刮起沙尘暴呢?还有的公然无耻地宣称:"人类使用土地不是沙化的主要原因。"这无疑在为毁林毁草、开荒弃牧种地张目,持这种观点的人多为"媚官"的御用文人。内蒙古伊克昭盟(现称鄂尔多斯)的科研表明:只是薪炭采伐割光蒿草就导致20万公顷土地沙化。而更多研究表明:草原开荒3年后连种子的本钱都收不回来。而草原的形成原因,则多由土质条件贫瘠到不能生长森林与农作物。而人们却倒反天干非要在草原上栽树造林、开荒种地该是何等荒唐?而中国植被破坏最严重的阶段,恰恰是清朝人口激增后的大量开荒。怎么能说人类使用土地不是沙化的重要原因?也罢,种自家园子也"使用土地"啊。文字游戏。

有良知的学者指出石漠化、砾化、沙化,"人类是真正的元凶",这种观点至少对现代沙化现象是适用的。人们开山采石、掘地挖沙,挖中草药根破坏草原植被,牧区过载与农业化、工业化污染与植被破坏、水土流失……不一而足,而且一切都以发展、创新、自力为名,干着自毁长城的勾当。

无论对沙漠的成因有多少种谬说,但最根本的一条便是植被的破坏。即使就是大自然不可抗拒的高温、冰期、干旱灾害,也是首先破坏植被。笔者在东灵山顶处竟然亲历了就地起风沙的现象。那里的低山处尚有林木草甸植被,但东山坡顶至半山腰则已严重石漠化,所以山风一来,黄沙尘土在身边揭地而起。高山上的植被一旦被破坏,山石便出现石漠化,久而久之石漠化便发展为沙源;而平地植被破坏,那些裸露的基岩便会化为戈壁;裸露的砾石风化久长,便成了直接的沙源沙漠。

植被,是人类生存的真正福音。无论防治石漠化、砾化、沙化,都必须解决植被的问题。人类得以生存的第一要义便是植被。爱护我们身边的一草一木吧,为了我们自己与子孙后代的生存。连《创世记》都说造物主在造水和造地后,首先在地面上造出各从其类的植物,其次造出各从其类的动物,然后才去造人。因为没有植物便没有动物;没有动物、植物,人也便无以生存。

一、克什克腾旗南界沙地景观组图

克什克腾旗南界元宝山村，也是乌兰布统草原最南部，在通往多伦的乌蔡线路边，前面不远就是301乡道

元宝山村一带的草原沙地景观，从这里一直到多伦北，其实仍是浑善达克沙地的南缘，典型的沙地景观

撅尾巴河村。从元宝山村到撅尾巴河村，这一段公路线上的沙地草原景观仍然十分美丽，但那些裸露的黄沙地表与大沙坑，似乎是草原在提醒着人们不要忘记它生命的根底是多么脆弱

克什克腾旗南界的沙地景观

多伦北界的沙地景观

撅尾巴河

第十七集 沙漠：我喜欢，「因为是我自己的心」

二、京北"飞来天漠"黄金沙丘景观组图

沙丘的金沙景观

沙丘植被景观(一)

沙丘植被景观（二）：奇特的遍地气生根的杨树

二色棘豆

第十七集 沙漠：我喜欢，『因为是我自己的心』

三、内蒙古包头响沙湾景观组图

包头市南面的黄河大桥

黄河滩景观

黄河畔的"火焰山"与银白杨

包头市东河区政府立的西口碑,讲述包头村、包头镇发展为包头市现代城市的历史

三鹿城标碑

响沙湾景观

响沙湾植物

响沙湾景观：五彩山般的地层断面

响沙湾景观：大沙原中间宽阔的河谷

响沙湾的"沙漠之舟"——船型游览车

第十七集　沙漠：我喜欢，『因为是我自己的心』

响沙湾景观：沙立千仞，入云摩天

沙漠之舟：满沙原的骆驼队

四、西拉木伦河上湾子沙丘景观组图

克什克腾旗经棚镇西南，西拉木伦河上游上湾子河段

河边高高的沙坝

沙丘脚下的临水古木

盛开的补血草

补血草的根叶只有几厘米长,支撑出高大的花头,花开后便死去

艰难生存的沙漠先锋植物(一)

艰难生存的沙漠先锋植物（二）

艰难生存的沙漠先锋植物（三）

路边边开花边结果的白花铁线莲

第十七集 沙漠：我喜欢，「因为是我自己的心」

五、多伦南"布拉格"小沙湾景观组图

锡林郭勒盟进京大道旁多伦南丰宁北"布拉格"大沙包

沙地养护植被景观。沙丘断面让我们看到了草原的生态系统是多么脆弱,地表只有薄薄的一层壤土,百万平方公里的内蒙古高原都靠了薄土层上那层草皮的保护才没有变成沙漠。谁破坏一寸草原植被,都是千古罪人:地球土壤的形成经历了四亿年之久才有了这层薄薄的壤土,真当惜土如金,爱草如命才是

沙地养护植被花棒

沙地养护植被景观

沙地养护植被野蔷薇

沙地养护植被锦鸡儿

沙地养护植被漏芦花

草原侵蚀沟（一）

草原侵蚀沟（二）

六、多伦县城鸳鸯河湿地景观组图

鸳鸯河绿洲植物景观（一）

鸳鸯河绿洲植物景观（二）

鸳鸯河绿洲植物景观（三）

鸳鸯河绿洲植物景观（四）

鸳鸯河绿洲植物景观（五）

鸳鸯河绿洲植物景观（六）

鸳鸯河绿洲3米多高的黄蒿

鸳鸯河绿洲茂盛密集的柳树"长城"

第十八集　1亿年前京北有片树高百米的原始森林

——延庆千家店硅化木国家地质公园古木化石奇观手记

> "神说：'地要发生青草和结种子的菜蔬，并结果子的树木，各从其类，果子都包着核。'事就这样成了。……神看着是好的。有晚上，有早晨，是第三日。"这是《圣经》上的话，说是上帝造物时，在第三天创造了花草树木，把青草给飞禽走兽做食物，把果蔬赠给人类做食物。但地球却说："为了让我枯燥尘飞的领土变成绿色，我用了30多亿年的时间啊，哪里是三天？"而人类却说："是啊，我毁灭它们，三天便能做到啊。"
>
> ——题 记

《创世记》说：上帝耶和华只用6天的时间便创造了世间万物，花草树木则是在第三天创造的。其实，我们所居住的这个飘游在宇宙空间中的星球，一直成长到30亿岁高龄时，除了水、土、空气、阳光和清风明月之外，大陆上花草树木似乎一无所有。直到大约距今5亿年前后，才有绿色植物从海洋登陆。

距今5亿年前后地球上出现了第一代原始森林，但多是羊齿类植物。什么是羊齿类植物呢？也就是今日尚存在着的大量的蕨类植物，草本，很矮小，生有羽状绿叶，根生，无茎干。但那时的蕨类分为真蕨、石松、水韭、松叶、木贼五纲。其中有的品种则进化为木本蕨，生长成为乔木，被称为树蕨，有分枝，羽状叶很大。正是这些高大的木本蕨在大陆上形成了地球有史以来的第一代原始森林。

展馆东侧树林中的木化石

到了古生代4.2亿~3.8亿年前间的石炭纪、泥盆纪，地球上有了高大的鳞木类乔木森林。鳞木便是前面所说的石松纲中鳞木目的一个品种，现已灭绝。因其叶落后叶柄处在树干上留下菱形鳞状痕迹，因称鳞木。这时的乔木形状是树干粗直，高达三四十米，枝条向上连续两杈分枝，因而树冠宽大。到了1.5亿年前后的侏罗纪时代，原始蕨类中十分矮小的石松蕨又异军突起，进化为异常高大的乔木，可高达30米~50米。树形与鳞木大体相似，三歧分枝、羽状针叶如松，因称石松。我国地质学专家在新疆发现的石松古木化石，段块长达40米，根部直径达1.2米，是迄今为止所发现的世界上最大的石松化石，据推算植株全高达80余米。而在北京延庆千家店镇德龙湾村一带的硅化木国家地质公园中发现的古木化石，便属于石松类。而且在这里发现的最大的化石基部直径竟然达2.5米，按新疆发现的同类化石的直径与高度比例来推算，千家店的古石松株高可达160余米，即使因立地条件等因素的不同与单体植株差异的存在，这类古木的粗高比也可能不完全一直是正比例发育，但这里的原始森林高度似乎至少不会低于百米。想一想，那个时代这里的森林该是何等气象，何等壮观！可惜的是在6000万年前后的第五次物种大灭绝，再加之几次冰期的摧残，这个物种修炼了数亿年的武功全废，被打回了本相，于今此物种仍存在，但已矮化为高不盈尺的草本地被植物了，而其他木本蕨类品种于今在全世界也只存在几个品种了。大自然的毁灭能力与造物能力同样强大。

那么这些古木化石怎样形成并保存了亿年之久呢？这些原始森林被

大洪水沉积物，或地壳板块运动与火山爆发整体掩埋后，由于地下水中含有二氧化碳及各种化学物质元素，水把腐化的木质带走，而水中的化学元素则留下来替代了原生物质，仍原封不动地保留了原树的结构，无论年轮、树皮、层次包括纹理都保留下来。再加上这种石化后的化石密度极大、硬度极高，具有不可侵蚀溶蚀性，因而才能保存下来。而随着所在位置板块在地壳运动中的重新提升隆起，周围的泥沙沉积物都被水、风剥蚀得干干净净，便只剩下这些坚硬无比的化石重现江湖了。但这些古木的命运是不同的，因替代物的不同，便大多转化为煤炭与其他各类矿物质了。只有被二氧化硅李代桃僵移花接木者才转化为了硅化木。

为了见识一下这些神奇的硅化木，去想望一下1.4亿年前京北高达百余米的原始森林风采，专程去了一次千家店，既寻找到了当年朱棣北征时曾歇马或手植于兹的那棵榆树王，又见到了地质公园中的硅化木。那棵榆树王便在距北京130公里燕山深处的千家店镇长寿岭村口滦赤公路路北的路边上。树高足有20余米，树的直径也有2米多，树围需五六人合抱才成，真称得上树王。平原上的榆树很少有如此高大的，该树枝叶繁茂，据说已有600余年的历史了。而且这里的山岭也有1亿多年的历史了。已是中午时分，便在一家小店用了午餐，拍了一些小镇景色、植物，便赶去地质公园看"玉树"，硅化木中的精美上品被称为玉树。

千家店的榆树王

玉树在古诗中出现的频率很高，多指神树。后来便用来形容人的气质高贵、身材美好，称之为玉树临风。三国时代魏明帝的小舅子毛曾是个不识文的屠夫，以裙带提拉为高官。为附庸风雅，便要求魏明帝请大文士夏侯玄吃饭时，让他去作陪，弄得愈显庸俗不堪，因而人有"蒹葭倚玉树"之戏言，意思是说两个人一个是玉树临风，一个是芦蒿草莽。这种"玉树"笔者见过两处：一处是北京动物园西北部，有相当壮观美丽的硅化木化石展出；一处便是在延庆的千家店地质公园。

延庆的硅化木地质公园，在该区东北30余公里燕山深处白河两岸的千家店镇地段，公园主址建在下龙德湾村以东的九龙山上。公园中设有博物馆展出硅化木样石与图片。馆后便是山路，陆续可见到一些覆盖在亭子下玻璃罩中的巨大化石段块，还有一些不很粗大的硅化木群，很是令人震撼。与市场上所见的那些硅化石碎块相比，何止是小巫见大巫？尤其是会令人遐想当年百余米高的巨树森林的景象；遭际大洪水、火山喷发、地壳大断裂大沉降被整体吞噬沉沦的恐怖瞬间；被掩埋亿万年后的物质转换与以另外一种存在形态浮出地面重见天日漫长岁月的悲凉。

九龙山坡上的木化石

美好事物的成长为什么总是如此多灾多难？美丽的生命又为什么都是一样脆弱不堪？而灵长类中最高贵的一支，为什么总是不肯放弃对美的奢求，且在此中不断地对美施以无情的破坏与摧折？

一、延庆地质公园硅化木景观组图

延庆地质公园硅化木化石展区，钱伟长题名，园门内建有博物馆，但本地木化石都在原地展出

林地间盛开的重瓣萱草

展馆后面通往九龙山巨大木化石区域的景观道，化石都保护在原地的亭子间玻璃罩内

展馆东侧树林中的木化石

九龙山坡上的木化石（一）

九龙山坡上的木化石（二）

山坡上的菟丝子

美丽的山皂荚

展区南面的青山

第十八集 一亿年前京北有片树高百米的原始森林

二、沿途山石花木与千家店榆树王景观组图

紫花棘豆

短尾铁线莲

巨大的片岩剖面

巨大的红砂岩

红砂岩

红砂岩头蜂窝风化面

第十八集 1亿年前京北有片树高百米的原始森林

延庆北的玉米地，想不到玉米花开得这样美丽

美丽的卷莲花

村中美丽的玉米红缨

千家岭石牌坊

榆树王面面观（一）

榆树王面面观（二）

榆树王面面观（三）

第十八集 一亿年前京北有片树高百米的原始森林

三、北京动物园木化石展与水禽世界景观组图

北京动物园门脸上方浮雕

木化石前的鸮头贝化石

木化石（一）

木化石（二）

2亿年前的木化石

衔着树枝的水鸟

水禽区的鸟岛

嘴上叼着树枝还在筑窝的水鸟

在大树主干上相夫课子的夜鹭鸟

枝间休息的鸟儿

把窝建在主干的枝丫上的鸟儿

第十八集 一亿年前京北有片树高百米的原始森林

独占枝头的白鹭,被掠过头顶的喜鹊引起了不安

大树底下的鹈鹕们

红额头的翘鼻麻鸭与鸳鸯

红嘴红眼睛的潜鸭

小天鹅

大树梢头的鸳鸯

大天鹅

小岛上闲庭信步的白枕鹤与黑颈雁

第十八集 1亿年前京北有片树高百米的原始森林

含苞待放的山桃花

4月间园内盛开的海棠花

第十九集　京东，那片红石山

——平谷寻拍红石门村"红层"地貌与龙门村长城纪行

> 红层地貌：地质学界对这种地貌的界说，是一个极其复杂多端的术语概念集合。这个"红层"的概念是李四光先生的创树。今日地质学对"红层"的界说纷纭，从能读懂的部分来大而化之、简而言之：其一，地层是红色的，但不局限于地表的色相；其二，是比较年轻的地层，地层年龄在1亿年左右；其三，岩性具有极大的多样性细分；其四，成因多多，但它的红色成因，离不开岩石的氧化作用。
>
> 北京市平谷区金海湖镇红石门村一带，便有一大片这样的红色山丘，有的地表颜色便是红的；有的是从色相不明显的表层中出露红色的；而一些人工造成的大剖面，则证明了这里红色岩层的纯度与深厚，岩体是红色的，而不是日久风化形成的表面色。笔者所知，仅此而已。至于京东这片红石山是否属于李四光所说的"红层"便无以确认了，行文中姑且称之为"红层"吧。不管地质学上的归属如何，这里都是北京地区的一种特殊地貌。
>
> ——题　记

北京地区的地质纪年告诉我们，这片土地至少在18亿年前后至3亿年前后，还是海洋的子民；出露为陆地后，又经历了冰川时代、燕山运动、火山爆发、古湖沉积、河流切割冲淘水蚀，还有地层大断裂造成的大沉陷与大隆起同步……经历了无数巨大宏烈、惊天地泣鬼神的地质运动，由此而造就了这里气象万千的地层地貌景观，就是专业专攻的专家们也很难把它们一一理清,因为有许多地质现象的成因、定性,在世界地质学界都无定论。

北京地区的种种地貌中,还有一种"红层"地貌,深隐在京东平谷区东北部燕山南麓的红石门村一带。

路边的红石

去红石门并不只为了红地层,据说村北还有一段很长的野长城,始建于北齐。该段长城处于东部长城的黄崖关与西北向长城的将军关之间,加之这里又地处京津冀三省市的三边交合处,有"鸡鸣闻三省"之说,并在长城岭上立有"三省市界碑",也很有诱惑力。这种三边之地似乎都有一个比较响亮的说法,其实这种"三边"等于三不管地界,既闭塞又贫穷。这似乎是"三边"地带的共性,就是首都近郊也不能免。

3月的京东燕山景观并不怎么好看,尽管这里西部紧邻黄松峪地质公园,南有蓟县的盘山,东有蓟县的黄崖关等著名景区,但游人很少。京西、京北3月中旬的大山中,山桃花已渐次飞红洒雪了,也许因这里的壤土太贫瘠了吧,却见不到一树花开,满眼都是一片青苍色。

由京平高速向蓟县拐角处进入顺平路、胡陡路、平兴路,东入乡村路后,便在那片青苍色中渐现褐、红,还真是一片红石山色。这里的山并不高,都是一道道大岭吧。问了一下路人,前面不远便是红石门村了,但要看长城还不如从这里入山近,而且这里红石遍地,哪里只是红石门的红石啊。于是便放弃了红石门村,在村北沿着去东北长城区的龙门村山路直接看长城去了。

红砂岩地层大剖面

怪了,见了许多白色的干插边的白云石长城,但都没这么白啊!原来这里的长城已被人们完全用灰泥封闭起来,是真下功夫了。抹墙前把野长城的那些狼牙锯齿全部铲平,变成了一道道梯坎,长城也变成了山梁上四棱八骨呆头呆脑的怪物了。据说这里已阉割、平整了万余米长城。这还是长城吗?本想登顶去看三界界标的,看了这幅被整容后的长城模样,便什么心情都没有了。

当代的文物保护工作,国家"修旧如旧,复古如古"的大政方针既定,而这里的做法真令人费解。实在是一种"保护性破坏"与破坏性的保护。他们一定会讲出许多道理,但道理就与这里的"红层"岩性一样,说法多多,但哪个是正理呢?电脑屏幕上忽然打出一种莫名其妙的"您已休息"屏,在黑屏上又显示出名言:"老人说,推开你喜欢的东西是成长。"也许吧。虽然自己喜欢爬野长城,未必人人都如此。科恩说:"万物皆有裂痕,那

整容后的长城

盛开的无根草

是光进来的地方。"很妙啊，把长城包起来也许正是为了不让那些裂缝进光吧？"那被岁月覆盖的花开，一切白驹过隙成为空白"，这长城已被人覆盖了，也变白了，但还会有"花开"吗？

向大山里走过，两边大概是民间的采石点儿，遍地乱石。在一片喀斯特泥质岩的缝隙中，又见无根草。绯红如胭的小花儿依然开得皎然亮丽，却在花下见到一个褐色的大茎块，谁说此花"无根"？只是藏得深。这种花生在哪里，哪里注定是不适合一般绿色植物生长的地方；而它的根显露出来，则足以证明这里的水土，自它生根以来，流失至少已有好几厘米厚了。

山路间冷清得让人发慌，不要说车水马龙，连人影都看不见。走到龙王村前的山谷间，才见山沟一片台地上，有位山村女性在整地。询问了一下登长城的山口，还要走很远，便放弃了。其实，这"很远"已不远，但山路的消耗力绝非平地行走可比。何况还要去蓟县渔阳镇采风大唐时代的渔阳城。

站在龙门村南的长城岭下仰观长城，发现这里的长城还真不一般。用镜头把长城下面的一些残垣拉近一看，连接起来却是一道挡马墙。这段长城在坡下竟然修了一道复墙，有如古城堡的外围阵地一般。复墙与长城之间还建有通道，并在长城烽台近侧的墙上开有便门。进可攻，退可守啊。这里长城的防御功能如此完备，也许因了山的无高无险，又处于两关之间防守薄弱的缘故吧。

电脑屏幕上又打出"休息屏"，继续推出名言警句："草在结它的种子，风摇着叶，我们站着，不说话，就十分美好。"是的，能入此境自是十分美好，审美与享受美的最高境界。但讲得如此美妙的那位诗人，他自己从来就没做到，一边搂草，一边摧花；既害自己，也害他人；连自己所爱的也爱自己的人，他都亲手杀掉。都说文似其人，都说你自己是什么，看到的就是什么……都是些盲人摸象之语。有的名言足称警句；有的名言，只在特定条件下适用；有的则是纯粹的胡说，且害人不浅。

屏间又推出苏东坡的企盼："几时归去，做个闲人，对一张琴，一壶酒、一溪云。"还有不知是谁讲的"做一棵简单生活着的树，用自己的美丽去点击世界的美丽。"两句异曲同工。琴酒与自己终生无缘，溪云却时时流飘入心。虽无流连山水之雅好，却对美好的事物痴迷苦执，而且总想用自己这支不生不熟的拙笔，来把自己见过的美好记录下来与人分享。自找苦吃也是一种宿命吧。何况北京与京畿的自然风物之美奂，人文历史景观之丰赡，怎能让人无动于衷呢？

平谷红石门村地貌与长城景观组图

燕山南麓红石门村一带的红石地层

从京承高速下路向东南拐入红石门村方向,一路上都是红色的地表入目

不知从哪里来的巨型河石

路边的红石（一）

路边的红石（二）

长城变成了蟠山而卧的白龙了

红石门到龙门村这段长城还真不简单,在长城下还建有一道挡马墙来做长城的复墙

在主墙与复墙之间还有一道横墙,形成刀把墙

去往龙门村路边的喀斯特山岩

一株只有几厘米高的无根草,先叶而开的小花开得却是这般精致美丽,至今我还没看到它的叶子是什么样

第十九集 京东,那片红石山

龙门村前山沟坡地上整地的勤劳女性

整好地后准备回村的李女士

作者王海燕与李女士合影

快中午了，和李女士聊完后出山

跋 人类始祖亚当的"天国忏悔"与黑格尔"最后的愿望"

> 黑格尔在完成了他那部洋洋百万言的巨著《美学》时讲道:"我的最后一个愿望,就是美与善这种较高的不可磨灭的理想的联系,把我们永远牢固地结合在一起。"而亚当在《神曲》的天国忏悔中说:人类被逐出乐园,并非是因为偷食了智慧的禁果,而是由于采摘的过度。
>
> ——题 记

窗外夜雨霏霏,夜色缠缠。北京的十月已是暑去寒来时节。没有了夏夜里鸣蝉在枝叶间高卧而放肆嚣张的大吵大嚷,也没有了秋凉中蟋蟀在月下草丛中羞涩地浅吟低唱,就连京北中轴线大道上的机动车与夜夜狂啸的摩托车声,似乎都被这夜雨浇灭了,难得的清泠寂静。但这难得的寂静却被几声悠长的"呜——欧——"长嚎所打破。显然不是狼嚎,不知是谁家宠物犬的返祖天性,被这雨夜情境所诱发。进化,绝不等同于进步;而人类对野生动物界的所有干预,都是一种对自然生态的侵扰与破坏。对自然之物最大的爱心,便是让它处于自在地生自然地死,这才是天地人道的公正践履。

望着刚刚整理完毕的书稿,无来由地叹了一口气,舒了舒写得发僵的手指,还是要写点东西来收官吧。有道是,善始者繁,善终者鲜。

在这个世界上最聪明的人是读书人,最傻的人是写书人。我是属于哪一种呢?几十年都在读与写中走过,不渔不樵,耕而不收,读则喜获。算不上聪明人但也算不上傻吧,收支平衡。似也只能这样走下去了,已形成了生活方式。

为了这个选题计划的完成，几乎耗去了我几年来尚足可有效利用的所有时间。几年来，就连除夕之夜、节假日，似乎也少有辍笔之时。案头的典籍、资料、书稿一摞摞堆积得有几尺高。2.5米长的书桌，也只有3尺容肘之地书写，却是在书写着两种伟大的存在与曾经——以北京为中心的中国北方自然历史与人文历史，虽然也只是沧海拾贝、汗青片言，但也终胜似对所见之物只知其然，不知所以然；只知其所存，而不知其所源，其所往。对我而言，那就是一种无知、一种白活，是无法忍受的。

为了这部书，我与王海燕女士几年来围绕着拟定的题点，四处采风、寻觅、拍照，几近于专业"驴友"。从北海（渤海）古大幽之国、燕旧都、蓟城、幽州城、辽南京、金中都、元大都上都中都旧址，一直寻找到明清故宫、京北行宫巩华城、避暑山庄；从古城墙、古城门遗址等古建筑的传说典故，到历代名人故居祠墓的历史追踪；从元大都时代布局的胡同、里弄，到著名的四合院门墙的种种不同；从著名的古典名园北海，到几乎难见踪影的南海子——辽、金、元、明、清五朝晾鹰台演武阅兵的城南大红门方圆百里的南苑；从后三海京内运河遗迹，到通州古运河遗址、北运河、张家湾各码头遗址；从京北白浮泉、西山永定河、金水河，到京都御河、通惠河、城南清凉河、萧太后河、龙凤河、京东沟河、潮白河、滦河的水系寻觅；从京师皇家七坛八庙，到京周山乡村落的一些大小寺院观庵……北京是真美呀！气象万千包罗万象，几乎就等于是中国自然历史、人文历史文化遗产的北方露天博物馆。

完成了京城的选题采风计划，便以北京市为圆点，开始向冀、晋、蒙、鲁、辽各方辐奔，去寻找它的历史源头。

北京沧海变桑田的第一块陆地在哪儿？

在门头沟沿河城碾台村找到了；"北京人"从哪里来？在阳原泥河湾、周口店龙骨山、鸡骨山找到了，在涿鹿黄帝城、蚩尤寨、尧舜城找到了，在辽西山戎三国旧地、孤竹古城、京北正蓝旗乌桓大本营、奚人古崖居找到了；北京亿万年前、五千万年前、一千万年前是个什么样？便跑去拒马河、十渡地质公园景区、上方山云水洞；延庆千家店硅化木国家地质公园；桑干河大峡谷、承德双塔山棒槌山；张北汉诺坝地质公园；内蒙古大沙漠、克什克腾旗世界地质公园……这些古老的喀斯特地貌、丹霞地貌、河流冲积与侵蚀、侧蚀、深度切割力量所雕塑出的奇特壮美景观，一一为我们展示了这个"北海大幽之国"童年时代的历史容颜，也让我第一次领略到了大自然造物的伟大。

京北东西一线，历来是中华民族的北方游牧族群与中原农耕民族纷争的分界线，正是这种胶着了几千年的纷争，在决定着中国的历史走向与中华民族族群的结构特点，于是我们从大燕山北麓一路西行跑到了大青山、阴山脚下；跑到了京北坝上高原；金莲川大草原、锡林郭勒大草原，跑到了土默川、敕勒川，跑到了黄河几字湾底的库布齐大沙漠南缘；跑到了辽东、辽西。只是这里的高原地质物产条件与山原河流，似乎就足以告诉我们这几千年金戈铁马、弯弓圆刀、毡房幕帐、牛马驼羊的"征服文明"与峨冠博带、秩秩斯干犁锄城堡村落"文明的征服"两种力量之间交战的渊源。

还有这种征服的文明与文明的征服两种力量催生的伟大长城，在北京南北内外两线便留下了1000多公里的各代各色城墙。于是我们又从山海关外的九门口长城，穿过京北纵深横亘方圆数百公里，横历了大明九边中的辽、蓟、昌、宣、大五个重镇的古城堡、碉楼、烽台、燧墩残存遗址于今仍密如梅花桩般的战区，一直跑到了蒙晋交界处的新平堡、白羊口长城。那些遍布于蒙南京北山川高原平畴上的古烽台城堡的废墟遗址，各种类型长城那些依然巍峨入云的身影，送给我们的不只是叹讶咨嗟，而是向我们无言地讲述着3000年来，在它两边发生的那些铁马冰河、金戈喋血的悲壮故事。

渤海、黄河，历史上所有的"北京对"中的谋士、策士、术士，无不将其作为高谈北京王者气象、阔论幽燕山川地理形势之优越的注脚。所以我们又从山海关老龙头海湾，辽西滦河三角洲、碣石山的黄金海岸，一路跑到鲁东北黄河三角洲的大口河堡、黄河口，跑到辽东湾底的辽河口去观沧海。而让人忧心难遣的是2016年黄河口淤沙量之大已阻塞了入海的航道；大口河入海口与辽河入海口的海水都是黄的，那哪里是海水呀？一浪浪的全是纯粹的黄泥汤子。而更令人惊心的是，一些科学家们已开始直言不讳地预警着渤海湾已开始死亡，污染已令其失去了与外海交换水流的足够时间，从而令其丧失了自洁能力也便失去了生殖能力。而周边地区却正在拟订、签批着一个个宏大的发展、开发、建设计划。"蓝色梦想"本应用在拯救渤海湾、母亲河上，而今却被用在了扩大城市化，利用水源大力发展产业上。一种时代的悲哀。好在国家提出了"绿水青山就是金山银山""再也不能简单以 GDP 论英雄"的崭新发展思路，相信一切都会好起来的。

大自然本来是万物并存共生而不违的一个体系，它本有足够的净化、分解分散人类所产生的各类污染物的能力，但人口的高度集中与产业开发集中于水源地，则令大自然失去了这种平衡的机会。而且这"两个集中"不仅极大地破坏了自然体系的功能，而且给人类自身也造成了诸多生存的困窘：人口集中区的环境、空气污染，交通阻塞，还有医疗、教育、住房条件的紧张……如此下去，北京城煌煌千年帝都古城早晚有一天会崩溃。但中国向来不乏有识之士，有人指出"北京的问题北京自己解决不了"，终于有了京津冀一体化协同发展，既缓解北京城市人口过剩造成的各方面负荷、超载，又加快了周边中小城镇与乡村发展步伐方案的出台，但愿能有效的实施。

几年下来，拍下了十余万张图片；案头的文字已如积薪近百万言。而所得不过悲、美二字。白日采风出行时，都是"满眼风光北固楼"，美不胜收；晚上归来查阅典籍梳理史实时，却是"千古兴亡多少事？悠悠。不尽长江滚滚流"的难过悲忧。每当看到那壮伟奇绝的山川风物、古典建筑艺术，美得让人直想浮一大白引吭高歌"这世界，我来了"；而此时才理解了席慕蓉面对故乡大草原时的"泪如雨下"，才理解了为什么一位小朋友来北京看了故宫角楼就说美得总想哭。啊，原来歌与哭可以表达同一种感情啊！可是当看到那些被人类毁灭、破损、遗弃的古迹时，看到被人类糟蹋得疲惫不堪、千疮百孔的自然景观时，心头升起的却是无奈与激愤。

每当出行归来的晚上查阅典籍，看到那些历史人物的命运；读到当代文氓的那么多无耻、无知、无聊的澜言……除了沉重、愤怒与诅咒，似乎把那日间所有的感动都被扫除净尽,大自然是真的美好;而自命不凡的人类,怎么会有那么多的卑鄙猥琐的丑陋嘴脸与不堪的恶劣行径?!想起了两句话:若要爱人类,就不要对他们有期望;把人类看得与动物太远,是一件很危险的事情。仔细想来也是,越是干净的地方,垃圾桶便越大,世界上的美好那么多,我们为什么要成天守着那桶翻垃圾呢?想起了每天午夜后,在我书房的楼下,夜夜准时来垃圾桶翻捡垃圾的老人。心平了,气也便和了;心不脏了,物也便美了!

自然的,人文的,所有的历史遗存,为我们留下的景观,并不全然是为了让我们当作审美、怡情、赏心、悦目的,尽管这些本都是现代人生活中不可或缺的,但若仅作如是观,那就是对历史文化遗产价值的一种亵渎,也是对自我生命的一种奢侈浪费。

自然历史景观的存在,也不只是一种凝固的永在的空间占位,它是这个蓝色星球上所有血气生灵的大供养者,不要再称它为盖亚、母亲,于今的人类已没有再这样称呼它的资格。想想,自从6000万年前的第五次大灭绝后,人类才有了生存的空间与机遇。但我们从与禽兽为伍甚至只有充当猎物资格的时代,发展到了今日的模样,哪一代哪个人、哪一天离得了大自然的供养?

土地、山川、江河、湖泊、海洋、草原、山林、飞禽、走兽,都是这个比大马猴好看不多少的两足物种的大供养者。草昧初开的童年人类很懂礼貌,知道敬畏,连石头都崇拜,连树木鸟禽都奉为图腾,江山社稷则奉为神灵。所以大自然很开心,所以天是晴的,云是白的,河是清的,海是蓝的,山是青山,地是绿地,连空气都是甜的。尔今又如何呢?看来达尔文的进化与进步并不是一回事。

大自然也是有生命的,它的成长、衰老、死亡和再生,也需要足够的周期,它也需要休养生息,也需要爱护、保护、养护。它不是阿拉丁神灯,更不是善财童子,能供亿万人所需各物而取之不尽。地球也不是无限的宇宙,它的一切也都是有限的。当人类攫取与毁灭的速率一旦高于它自我修补、恢复、生息的速度时,它就会走向衰败,走向死亡。甚至用灾难向它的破坏者来报复。大自然是无言的,天地有大美而不言,行大恶也不言。它对它的破坏者是有报复能力的。当你把大地的腹部掏空时，它便会把如蝼蚁般的掏挖者众生一口吞噬，但有谁肯警醒啊？当你把它的植被剥光时，它便会把你生存的土地剥光，让你衣食无着流离失所。当江河被你祸害得连眼泪都无以流淌时，它们的灵魂便会从天而降，把你投入连诺亚方舟都救不了你的滔天渊薮之中。当海洋被你污染得失去自洁与生殖能力时，它便收回赐给你的所有馈赠，包括陆地70％的氧气，让这个地球上所有的生命都窒息而亡……如果真的还会有第六次大灭绝，就一定会是这个样子。但愿是杞人忧天。

人类的始祖亚当，在天国的光环中，对但丁早就说过：他并非因为偷食了禁果被放逐而失去了伊甸的乐园，而是因为过度……"超过界线罢了""因为人类的理性不能永久坚持""人类的习尚，譬如树上的叶子，这一片落了，那一片又生了"欲壑难填啊！那么界线在哪里呢？只在平衡二字，这个世界上万物的存在，无论宇宙、地球、生命体，都是一个叫"平衡"的仲裁者在维系。在今日的人类与大自然的天平上，人类肯向大自然这面倾斜一分，这个世界就多了一分平衡，人类自身便少了一分危机与祸患。

人文历史景观的有幸遗存，都是历史对后人的恩赐。一座古城、一座王宫、一座庙寺、一座废墟、一处遗址、一面壁画、一处祠堂、一处故居、一处古墓……都是不可复制的无价之宝。

如果一个民族已贪婪到连前人的墓祠都不肯放过，要开垦为耕地；连民族英雄烈士陵园都逃不脱房地产开发商的黑手，那么这个民族便离走进坟墓也不远了。而一个民族对本民族历史文化遗产的毁灭程度，最能说明这个民族毁灭者的无知程度。正如康德在他的《论优美感和崇高感》一书所言："伊索寓言中的公鸡虽然不少次都发现了珍珠，但一颗平凡的大麦粒倒是对它会更合适一些。"而现代人可笑亦可悲的是，一面把遍地"珍珠"毫不留情地扫入垃圾堆；一面把手中的"大麦粒"苦心孤诣地打磨包装为"珍珠"。大概认为那历史的珍珠虽真，但与他无关；这假珍珠虽是赝品，却是他的作品，他的"业绩"。这就是习近平同志所说的对历史文物的"建设性破坏"吧。

望着满台的书稿与书籍，倏忽间想起了龚自珍的一首诗：

霜豪掷罢倚天寒，任作淋漓淡墨看。

何敢自矜医国手，药方只贩古时丹。

花了数年的功夫，一边踏遍京周青山寻寻觅觅，一边夜夜驰笔不舍，写了这么多东西，为了什么呢？仔细想来，无非是为了心中一种鼓荡不息的冲动：喜欢。爱这美好的无限江山，爱这美好的大自然，爱这尘封、蛛网、损毁都遮不住的民族历史文化遗产的美轮美奂，爱那废墟中的黄土残垣，爱那城头的老瓦青砖，爱大地之花草树木的清新灿烂，更爱那些悲剧英雄、历史人物掀天揭地的胆色与浩气凛然……总归也是一种美的张扬吧。至少让这些美在这纸笔中得到一种永存，而不再毁灭，不再凋残。同时也让笔者的生命受到了一次充实、陶冶、洗礼和净化。亲近自然，便活得自然。敬畏历史，面对现实向前走，也许便不会成为不远的殷鉴。

黑格尔在完成了那部洋洋百万言的巨著《美学》时，讲到了他的一个"最后的愿望"——让美与善这种较高的不可磨灭的理想的联系，把我们永远牢固地结合在一起。

这世界是美的，但需要发现；凡美的、好的都脆弱，所以，美是需要守护的。你爱它，那么就去保护它。真善美的存在并不是为了被占有与攫取，更不是为了被践踏。

作者
2018 年夏于北京寓所